Stefan F. Gross

Die Kunst der Leichtigkeit

Stefan F. Gross

Die Kunst der Leichtigkeit

Die 15 wichtigsten Lebenskunst-Strategien für mehr Erfolg und Lebensqualität

REDLINE WIRTSCHAFT

Bibliografische Information der Deutschen Nationalbibliothek

Die Deutsche Nationalbibliothek verzeichnet diese Publikation
in der Deutschen Nationalbibliografie.
Detaillierte bibliografische Daten sind im Internet über
http://dnb.d-nb.de abrufbar.

ISBN 978-3-636-01601-0

Unsere Web-Adresse:
www.redline-wirtschaft.de

Umschlaggestaltung: Eberhard Wolf, München
Satz: M. Zech, Redline GmbH
Printed in Austria

Inhalt

Bringen Sie mehr Leichtigkeit in Ihr Leben!

Liebe Leserin, lieber Leser,

Wir alle wünschen uns ein glückliches, erfülltes Leben. Wir möchten erfolgreich sein, ein interessantes Berufs- und Privatleben führen und über genügend Zeit und Raum für uns selbst und unsere ganz persönlichen Interessen und Ziele verfügen.

Alles das könnte auch bequem funktionieren, gäbe es da nicht die Realität! Erstens erweist sich, dass die Sicherung des Lebenserfolgs und Lebensglücks bereits für sich alleine betrachtet eine der anspruchsvollsten Aufgaben ist. Und zweitens scheint sich die Welt immer schneller zu drehen. Wohin man auch blickt, die Komplexität, die Veränderungsgeschwindigkeit und die Leistungsanforderungen steigen in allen Bereichen. Kaum mehr eine Aufgabe, die nicht als dringend gilt, und kaum mehr eine Beschäftigung, bei der man nicht im Laufschritt unterwegs ist. Sicher, man erreicht noch die eigenen Ziele, aber der Preis an Zeit, Kraft und Stimmung, den man dafür zahlen muss, ist enorm.

Und damit sind wir auch schon bei der eigentlichen Schlüsselfrage: Wenn das die Rahmenbedingungen sind, wie gelingt es dann, Erfolg und Lebensqualität miteinander zu verbinden? Wie also schafft man es, die eigenen Vorstellungen und Vorhaben in die Tat umzusetzen und gleichzeitig weit mehr Leichtigkeit, Heiterkeit und Unbeschwertheit ins eigene Leben zu bringen als bisher? Die Antwort lautet: Man schafft es mit Lebenskunst!

Die entscheidende Kunst ist die Lebenskunst

Noch etwas deutlicher: Die üblichen Lösungsmuster oder ein rein beruflich-fachliches Know-how reichen heutzutage nicht mehr aus, um das eigene Leben so zu gestalten, wie man es eigentlich möchte. Ebenso wenig genügt die Konzentration auf Teilbereiche. Ein großer Karrieresprung bringt beispielsweise wenig, wenn man dafür seine Beziehung oder Gesundheit ruiniert. Und umgekehrt, auf Dauer wird auch ein erfülltes Privatleben viel von seinem Glück verlieren, wenn man es nur durch beruflichen Stillstand erkaufen kann.

Was man vielmehr braucht, ist eine ganz spezielle Fähigkeit, eine, die dem besonderen Charakter der Aufgabenstellung Rechnung trägt, die alle Lebensbereiche gleichermaßen erfasst und die einem das Rüstzeug liefert, zu erkennen und zu fördern, was im eigenen Leben wirklich zählt. Und genau diese Fähigkeit ist Lebenskunst.

Lebenskunst ist die Kunst der Leichtigkeit

Aus gutem Grund bezeichnet der Schweizer Mediziner und Psychologe Carl Gustav Jung die Lebenskunst als die vornehmste aller Künste. Ebenso klar sagt es der russische Schriftsteller Leo N. Tolstoj: *„Ein Wissen ist besonders wichtig und zuverlässig: das Wissen, wie man leben soll."*

Wie aber kann man Lebenskunst nun in unserem Zusammenhang am besten definieren? In einem Satz gesagt: Lebenskunst ist eine Einstellung, eine Denkweise und ein Verhalten, mit denen es gelingt, die eigene Souveränität und Selbstbestimmung zu erhöhen, das eigene Leben auf kluge und gekonnte Weise zu gestalten und die Gegenwart zu einem Gewinn und Genuss für sich zu machen!

Lebenskunst hat also nichts zu tun mit den weit verbreiteten Erfolgs- und Managementtechniken, die hauptsächlich darauf abzielen, die eigenen Ressourcen bis zum letzten Tropfen auszuquetschen und die materiellen Ergebnisse in ungekannte Höhen zu schrauben. Ebenso wenig geht es bei Lebenskunst darum (um das andere Extrem möglicher Missverständnisse zu nennen), sich nur noch auf das zu kaprizieren, was zu einem leichtgängigen und amüsanten Leben gehört, und alles auszuschließen, was mit Rückschlägen, Problemen und Verantwortung verbunden sein könnte.

Lebenskunst bedeutet etwas völlig anderes: Es ist die Fähigkeit, sich auf die wichtigen Dinge im Leben zu konzentrieren, die eigenen Stärken und Machtmöglichkeiten zu nutzen, aus einer Situation das Beste zu machen und sich seine Lebensfreude, Energie und Tatkraft auf Dauer zu erhalten. Genau diese Fähigkeiten aber bilden die Basis für die Sicherung des Lebenserfolgs und Lebensglücks!

Machen Sie sich deshalb bewusst, wie entscheidend die Förderung Ihrer Lebenskunst für Sie ist: Sie ermöglicht Ihnen, den Kurs Ihres Lebens selbst zu bestimmen, Ihre entscheidenden Ziele zu erreichen und Ihren Alltag nach Ihren Wünschen und Vorstellungen zu gestalten. Am wichtigsten aber: Mit Lebenskunst gelingt es Ihnen, Ihr Leben auch in turbulenten Zeiten mit Leichtigkeit, Heiterkeit und Gelassenheit zu führen!

Starten Sie in eine neue Epoche!

Beenden Sie also die Herrschaft der Schwerkraft. Lassen Sie sich nicht länger von negativen Gedanken, von Hetze und Hektik, von Sorgen und Befürchtungen oder von den alltäglichen Belastungen und Problemen niederdrücken.

Starten Sie stattdessen in eine neue Epoche der Lebensleichtigkeit, der Lebensfreude und der Lebensqualität. Die folgenden fünf großen Buchkapitel sollen Sie dabei unterstützen. Sie liefern Ihnen zwölf entscheidende Lebenskunst-Strategien, mit denen es Ihnen gelingt, Ihre ganz persönliche „Kunst der Leichtigkeit“ zu entwickeln und für sich und die Menschen, die Ihnen nahestehen, zu nutzen!

Herzlichst, Ihr Stefan F. Gross

Mehr Lebensfreude

1. Steigern Sie Ihre Stimmungsqualität!

Wissen Sie noch, wann Sie das letzte Mal in einer heiteren, ausgelassenen und unbeschwerten Stimmung waren? Sicher war es ein Moment, den Sie sehr genossen haben. Und sicher war es auch ein Augenblick, in dem Ihnen die Chancen riesig und die Probleme winzig vorkamen. Die Welt war in Ordnung, so wie sie war!

Wenn es also ein Thema gibt, das unmittelbar mit der Kunst der Leichtigkeit verbunden ist, dann ist es die persönliche Stimmung. Ihre Stimmung ist die Basis Ihrer Lebensqualität, Ihrer Lebensfreude und Ihres Lebenserfolgs!

Gönnen Sie sich mehr Heiterkeit

Es ist erstaunlich, mit welchen Vorurteilen Menschen unterwegs sind, wenn es um ihre Stimmung geht. So sind viele der Überzeugung, dass ihre Gemütslage den Charakter eines Zufallsproduktes hat. Nicht man selbst bestimmt, wie man sich fühlt, sondern die äußeren Rahmenbedingungen, das Verhalten anderer und die zufällige persönliche Tagesform. Die Stimmung als Schicksalsschlag sozusagen. Andere haben die Einstellung, dass die Schaffung einer positiven Stimmung eine Schönwetteraufgabe ist, der man sich dann widmen kann, wenn alles andere im Leben in Ordnung gebracht worden ist. *„Erst die Karriere, dann die Finanzen, anschließend das Eigenheim und ganz zum Schluss, wenn noch Zeit bleibt, die gute Laune"*, so könnte man ihre Themenhierarchie beschreiben. Und wieder andere halten Heiterkeit und Ausgelassenheit ganz grundsätzlich für ein Merkmal geistiger Unbedarftheit oder Unprofessionalität. *„Mein Kollege ist ständig heiter, aus dem wird nie was werden"*, so in etwa lauten ihre Gedanken.

Für jedes dieser Vorurteile gilt: Das Gegenteil ist richtig! Natürlich spielt die Umwelt auch eine Rolle, aber den größten Einfluss auf die eigene Gemütslage hat man selbst. Eine positive Stimmung ist auch nicht der Zuckerguss auf einem erfolgreichen, glücklichen Leben, sondern die Voraussetzung für ein solches. Und Heiterkeit ist kein Zeichen von Schwäche, sondern ein Beweis für Souveränität! *„Die Welt gehört dem, der in ihr mit Heiterkeit nach hohen Zielen wandert."* Besser als der amerikanische Philosoph und Schriftsteller Ralph Waldo Emerson kann man es kaum sagen.

Heiterkeit liefert Stärke.

Der Duden definiert Heiterkeit als *„fröhliche Stimmung, in der man sich befindet und in der man sich frei* *und unbeschwert fühlt".* Schon dieser eine Satz beleuchtet, wie wertvoll Heiterkeit ist. *Frei und unbeschwert* – besser geht es kaum!

Ein Beispiel zeigt aber, dass die Wirkung von Heiterkeit noch viel weiter reicht. Nelson Mandela ist sicher eine der größten Persönlichkeiten der jüngeren Zeitgeschichte. Er kämpfte Jahrzehnte gegen die Apartheid in Südafrika, erhielt 1993 den Friedensnobelpreis und wurde der erste schwarze Präsident seines Landes. Die Sicherung eines Machtwechsels ohne Gewalt, sein Verzicht auf jede Form der Rache und sein Eintreten für ein friedliches Zusammenleben aller Bevölkerungsgruppen machen ihn weltweit zu einem moralischen Vorbild.

Was das mit dem Thema Heiterkeit zu tun hat? Nun, Nelson Mandela verbrachte sechsundzwanzig Jahre seines Lebens als politischer Gefangener, die meisten davon auf der Gefängnisinsel Robben Island vor Kapstadt. In seinen Memoiren beschreibt er, wie hart, mehr noch: wie lebensgefährlich diese Zeit war. Und sein Fazit lautet sinngemäß: *„Je bedrohlicher es damals für uns wurde, desto mehr haben wir darauf geachtet, mit Menschen zusammen zu sein, die ein heiteres und sonniges Gemüt hatten. Ohne Heiterkeit hätten wir die Jahre nicht überstanden."*

Mandelas Worte zeigen die ganze Bedeutung von Heiterkeit. Wer seine Heiterkeit schützt und erhält, der besteht auch die größten Herausforderungen. Ganz gleich, was geschieht, er beherrscht die Lage und nicht die Lage ihn. Wenn also etwas im Leben Stärke und Stabilität liefert, dann ist es Heiterkeit!

Heiterkeit macht erfolgreich.

In guter Stimmung kann man Berge versetzen! Eine Aufgabe kann noch so groß sein, sie vermag einen nicht zu schrecken. Hindernisse werden nicht lange diskutiert, sondern einfach übersprungen. Im Fokus stehen die Lösungen und nicht die Schwierigkeiten. Völlig anders sieht es aus, wenn man sich in negativer Stimmung befindet. Kaum etwas lähmt einen mehr. Nicht nur die eigene Gemütslage ist im Keller, sondern auch die eigene Arbeits- und Leistungsfähigkeit. An die Stelle von Mut tritt Verzagtheit und aus Energie wird Erschöpfung. Was bei guter Laune in Minuten gelang, schafft man nun höchstens noch in Stunden oder überhaupt nicht mehr.

Heiterkeit schenkt Charisma.

Betrachten Sie einmal einen misslaunigen, verbissenen Zeitgenossen. Es ist ein Anblick, den man am liebsten sofort wieder vergessen würde. Ganz anders ist das Bild eines fröhlichen, unbeschwerten Menschen! Er wirkt vital und souverän. Seine Körpersprache und sein Gesichtsausdruck machen ihn auf Anhieb sympathisch. Seine Anziehungskraft auf andere ist enorm. Kaum betritt er den Raum, schon steht er im Mittelpunkt. Wenn es ein Geheimnis von Charisma gibt, dann ist es Heiterkeit!

☼ Am wichtigsten aber: Heiterkeit ist die Manifestation des Glücks in der Gegenwart!

Eine steile Karriere, ein gefülltes Bankkonto, ein intensives Privatleben – Sie können erreichen, was immer Sie sich vornehmen, ohne eine positive Stimmung werden Sie sich daran kaum erfreuen können. Und umgekehrt gilt das Gleiche. Selbstverständlich gibt es im Leben immer wieder Schwierigkeiten und Rückschläge. Solange es Ihnen aber gelingt, sich Ihre Unbeschwertheit, Gelassenheit und Zuversicht zu erhalten, werden Ihnen auch die größten Widrigkeiten nur wenig anhaben können!

Entwickeln Sie Ihr persönliches Stimmungs- und Heiterkeitsprogramm

Gehen Sie die Gestaltung Ihrer Stimmung deshalb so offensiv und entschlossen wie möglich an. Was Sie dafür brauchen, ist ein eigenständiges Stimmungs- und Heiterkeitsprogramm, das es Ihnen so einfach und bequem wie möglich macht, Ihre Leichtigkeit und Lebensfreude zu erhalten und zu fördern.

Das Ziel besteht dabei natürlich nicht darin, ab heute nur noch grinsend und frohlockend durch die Gegend zu ziehen und jedem zu erklären, wie fantastisch es Ihnen geht. Ein solches Vorhaben würde nicht zu einer heiteren Stimmung führen, sondern zu zerrütteten Nerven. Worum es vielmehr geht, ist, *die Qualität der eige-*

nen Grundstimmung insgesamt auf ein höheres Niveau zu bringen. Man kann vielleicht nicht jeden Moment seines Lebens in guter Laune sein. Die Anzahl der Stunden und Tage, in denen man sich heiter, ausgelassen und zuversichtlich fühlt, kann man aber sehr wohl erhöhen. Die folgenden Empfehlungen liefern Ihnen dafür den Leitfaden!

Stimmungsregel Nr. 1: Warten Sie nicht auf perfekte Bedingungen

Wenn Sie mit der Entwicklung einer positiven Stimmung warten, bis ideale Rahmenbedingungen dafür herrschen, dann werden Sie im Leben wenig zu lachen haben. Ganz gleich, wie glücklich die Gesamtverhältnisse auch sein mögen, ein zentraler Negativfaktor wird immer das Bild trüben: Ein Kollege macht im Büro ständig Ärger. Ein Sohn schreibt in der Schule Noten, die der Höchstpunktzahl im Eiskunstlauf entsprechen. Das Sommergewitter hat nicht nur den Rasen gesprengt, sondern auch den Keller geflutet. Und so weiter.

Eine der wichtigsten Regeln überhaupt lautet deshalb: Ziehen Sie eine Trennlinie zwischen der Sachlage und Ihrer Gemütslage! Verabschieden Sie sich erstens von der Vorstellung (oder dem Anspruch), nur dann in einer heiteren, gelösten Stimmung sein zu können, wenn keine Wolke mehr am Himmel steht. Und lassen Sie zweitens nicht länger zu, dass Ihnen ein isoliertes Einzelproblem alles andere verdirbt, über das Sie sich sonst freuen würden.

Denken Sie stattdessen an eine Schlüsselerkenntnis, über die wir schon gesprochen haben: Gerade beim Auftauchen von Problemen ist Heiterkeit unverzichtbar. Ohne Heiterkeit fehlen Ihnen Kraft und Optimismus. Und ohne diese verändern und erreichen Sie im Leben gar nichts!

Stimmungsregel Nr. 2: Nutzen Sie jede Gelegenheit

So eigentümlich es klingen mag – Heiterkeit ist auch eine Frage der Übung. Kosten Sie die Momente der Heiterkeit deshalb ganz bewusst aus, wann immer sie eintreten. Schenken Sie ihnen ausreichende Aufmerksamkeit und Zeit, anstatt sie einfach nur kurz abzuhaken und sofort wieder zum Alltagsgeschehen zurückzukehren.

Tun Sie also nicht so, als könnten Sie Ihre gute Stimmung auf später verschieben, nach dem Motto: *„Gelacht wird am Dienstag nächster Woche, etwa gegen sechzehn Uhr dreißig!"* Heiterkeit lässt sich nicht horten! Und fangen Sie auch nicht an, jedes Mal zu überlegen, ob Sie überhaupt einen sachlichen Grund dafür haben, um gerade jetzt in so guter Laune zu sein: *„Wäre es nicht viel vernünftiger, sich in dieser Lage ein paar Sorgen zu machen?"* Heiterkeit braucht keine Rechtfertigung!

Stimmungsregel Nr. 3: Schenken Sie Banalitäten keine Beachtung

Natürlich gibt es Ereignisse, die den Charakter von Schicksalsschlägen haben und weit mehr gefährden als nur die eigene Stimmung. Wenn man das Leben aber in seiner Gesamtheit sieht, so sind diese Fälle zum Glück doch die große Ausnahme. Diejenigen Faktoren, die einem üblicherweise die Stimmung rauben, fallen dagegen fast immer in die Kategorie *„absoluter Kleinkram“* oder unter die Überschrift *„lösbare Aufgabe“* – insbesondere dann, wenn man eine etwas längerfristige Perspektive wählt.

Lassen Sie sich deshalb künftig von den normalen Widrigkeiten des Alltags weniger irritieren, bremsen oder lähmen. Der dumme Spruch eines Mitmenschen, die Verzögerung bei einem beruflichen Projekt, die kleine Delle in der frisch polierten Stoßstange – alle diese Dinge sind sicher kein Anlass zu Freudentänzen. Einen Grund zur Depression liefern sie aber erst recht nicht!

Am besten, Sie stellen sich drei kurze Fragen, wenn Sie merken, dass Ihnen ein bestimmtes Ereignis die Laune zu verderben droht. Meist werden Sie danach über das Geschehen nur noch lachen können:

- Welche Größenordnung hat das Ereignis in Wahrheit?
- Werden Sie in einigen Tagen überhaupt noch daran denken?
- Und was bringt es Ihnen für einen Vorteil, wenn Sie sich jetzt davon Ihre Stimmung verderben lassen?

Stimmungsregel Nr. 4: Machen Sie sich unabhängiger von Ihrer Umgebung

Es gibt Fälle, in denen Menschen eine Art kollektiven Depressionsanfall zu erleiden scheinen. Ein schönes Beispiel sind U-Bahn-Fahrten. Eigentlich sollten sich die Passagiere freuen. Sie sitzen in einem umweltschonenden Verkehrsmittel, sausen zu ihrem Ziel, sind unabhängig von Wind und Wetter, vermeiden jeden Stau und werden gleich wieder an der frischen Luft sein. Wenn man aber in die Gesichter der meisten (nicht aller!) Mitreisenden schaut, dann ist dort von Heiterkeit wenig zu sehen. Man hat eher das Gefühl, im Bauch eines modernen Geisterzuges dahinzurasen, der eine Ladung Zombies ins Büro, nach Hause oder zum Zentralfriedhof befördert. Es ist schauerlich. Graue Gesichter. Starre Blicke. Nirgends ein Lächeln. Verbissenes Schweigen statt fröhlicher Unterhaltung. Eigentlich sollten keine Fahrscheinkontrolleure in den Wagen Dienst tun, sondern Krankenschwestern und Nervenärzte.

Was das mit unserem Thema zu tun hat? Sehr viel! Wir alle haben eine Alltagsroutine. Und innerhalb dieser Routine kommen wir regelmäßig in Situationen oder in ein Umfeld, die unserem seelischen Befinden alles andere als zuträglich sind. Noch ein paar Beispiele? Das Warten in Arztpraxen oder Behörden (Wartenmüssen schlägt immer aufs Gemüt). Das Geschiebe und Gehetze an einer Supermarktkasse (man kann so rasant einpacken, wie man will, die Kassiererin scannt schneller). Die Fahrt mit einem Hotel- oder Bürolift (man möchte meinen, alle Anwesenden sind zu einem Kriegseinsatz unterwegs). Oder das Eingequetschtsein auf einem Mittelplatz im Flugzeug (der eine Nachbar hat dann seltsamerweise meist auch noch Bronchitis, der andere den Leib eines Sumo-Ringers). Die Liste ließe sich leicht fortführen.

Diese wiederkehrenden Ereignisse nun einfach nur still zu erdulden und sich jedes Mal aufs Neue von ihnen die Heiterkeit rauben zu lassen wäre nicht nur fahrlässig, sondern auch töricht. Weit besser ist es, sich ein für alle Male zu überlegen, welche Möglichkeiten man besitzt, um sich von seiner Umgebung unabhängig zu machen und sich seine gute Laune zu erhalten. Hier sind einige konkrete Empfehlungen dafür:

Vorbild werden: Lassen Sie sich vom Verhalten Ihrer Mitmenschen nicht anstecken. Auch wenn kaum jemand in Ihrer Nähe grüßt oder lächelt, Sie können es! Die Wirkung ist verblüffend. Die anderen wachen auf, lächeln zurück, werden zu lebendigen Wesen – und schon herrscht eine völlig andere Atmosphäre!

Die Zeit nutzen: Ihr Körper befindet sich an einem bestimmten Ort, Ihr Geist aber ist frei. Nutzen Sie also Ihre Zeit! Denken Sie über etwas nach, das Sie weiterbringt. Ein Thema, für das Sie eine Lösung suchen. Eine Aufgabe, die Sie als Nächstes angehen. Einen lieben Menschen, dem Sie wieder einmal eine Freude bereiten könnten.

Mehr Lesen: Wenn Sie schon vorab ahnen können, dass es länger dauern wird, dann besorgen Sie sich ausreichende Lektüre. Eine gute Zeitung oder ein interessantes Buch in der Hand, und die Welt ist wieder in Ordnung!

Stimmungsregel Nr. 5: Achten Sie auf Ihre Sprache

Erster Schultag! ABC-Schützen und Eltern warten voller Vorfreude im sonnigen Hof. Endlich schreitet die Direktorin ans Mikrofon. Der Lärm verebbt, die Erwartungen steigen. Dann erklingt die Begrüßung, alle können es hören: *„So, liebe Kinder, heute beginnt für euch der Ernst des Lebens.“* Na prima.

Einem Zuhörer kommt schlagartig seine eigene Schulzeit in den Sinn. Wie lauteten die Worte des Direktors bei der Abiturfeier? *„Glauben Sie nicht, Sie hätten es geschafft. Jetzt beginnt für Sie der Ernst des Lebens!“* Nur Monate danach, der erste Studientag und die Rede des Dekans im Audimax: *„Willkommen, nun beginnt für Sie der Ernst des Lebens.“* Und mit welcher Botschaft wurde einige Semester später die Überreichung der Examenszeugnisse gewürzt? Na klar! *„Meine Damen und Herren, jetzt treten Sie ins Berufsleben ein, jetzt beginnt für Sie der Ernst des Lebens.“* Man kann sich also ausrechnen, was man wohl zur eigenen Beerdigung zu hören bekäme, könnte man die Rede dann noch mitverfolgen. *„Hier ruht XY, für ihn beginnt der Ernst ...“*

Was nach harmlosen Anekdoten klingt, hat eine nicht zu unterschätzende Langzeitwirkung. Um was es auch geht, fast immer erklärt einem irgendjemand, dass damit nun der „Ernst des Lebens“ losginge. So lange, bis die Gehirnwäsche wirkt und man selbst alles, was auf einen zukommt, auch nur noch unter einer Überschrift zusammenzufassen vermag: *„Jetzt wird es ernst, ernst und noch mal ernst.“*

Verzichten Sie auf eine solche Form der sprachlichen und gedanklichen Negativkonditionierung! Selbstverständlich sind Tugenden wie Vernunft, Sachlichkeit und Ernsthaftigkeit unverzichtbar. Sich aber einzureden (oder einreden zu lassen), dass jede Veränderung oder Herausforderung nun gleichbedeutend mit dem endgültigen Eintritt in die Epoche des Ernstes und dem gleichzeitigen Untergang von Heiterkeit, Gelassenheit und Zuversicht sei, das ist nichts als reiner Unfug.

Stimmungsregel Nr. 6: Mehr Humor!

Humor und Heiterkeit sind Zwillinge. Aber genau hier liegt häufig der Engpass. So wichtig Humor also auch ist, so oft findet man das glatte Gegenteil von ihm. Würde man seine Mitmenschen zum Thema Humor befragen, die Antwort wäre sicher einstimmig. *„Klar, Humor, den hab ich“*, so in etwa würde sie lauten. Die Realität zeigt ein anderes Bild.

Nur ein Beispiel. Ich kenne den Leiter der grandiosen Weinabteilung einer renommierten Feinkosthandlung. Seine Kunden erleben ihn stets als höflichen, kultivierten Menschen. Eines Tages wurde ich aber Zeuge, wie ihm eine Kollegin von der Rückseite seines Sakkos ein Zettelchen löste. Wie zu erwarten, war auch ein Text darauf gekritzelt, ein Spruch wie *„Wer das trägt, ist ein Narr“*. Zugegeben, kein besonders kreativer Scherz. Aber sicher auch kein Anschlag auf Leib und Leben! Und dennoch. Der Vorfall genügte für eine Verwandlung à la Dr. Jekyll & Mr. Hyde! Aus dem charmanten Gentleman wurde in Sekundenschnelle ein schäumender Wüterich: *„So eine Unverschämtheit, so eine Frechheit, wenn ich den erwische, wenn ich den zu fassen kriege ...“* Noch Minuten später schallte sein Wut- und Rachegeheul aus den Tiefen des Weinkellers.

Mit anderen Worten: Viele Menschen besitzen also offenkundig nur so eine Art Scheinhumor. Solange es andere erwischt, biegen sie sich vor Lachen. Sobald sie aber selbst dran sind, schäumen sie vor Wut.

Machen Sie es anders. Versuchen Sie, die Welt und sich selbst mit echtem Humor zu betrachten! Hier einige Empfehlungen dafür:

Denken Sie an den Eigennutzen.

Humor hilft Ihnen auf zweifache Weise. Zum einen wirkt Humor wie ein Schutzschild. Wer den Dingen humorvoll entgegentritt, kann von ihnen kaum mehr getroffen werden. Was andere verletzt oder umwirft, geht an ihm vorbei oder prallt an ihm ab. Genau deshalb beschreibt Erich Kästner Humor als *„Regenschirm der Weisen“*.

Zum anderen bewirkt Humor, dass sich das Geschehen um einen herum relativiert. Er erhält einem die Sehfähigkeit für das, was trotz allem positiv ist, und lenkt den eigenen Blick auch auf die komischen Elemente der Lage. Damit aber nimmt Humor einem negativen Vorfall automatisch die Schärfe und das Gewicht. Was als Stein angeflogen kommt, trifft höchstens noch als Watteböllchen auf.

Kurz gesagt: Wenn es eine Fähigkeit gibt, die es Ihnen ermöglicht, über den Dingen zu stehen, dann ist es Humor!

Nehmen Sie sich weniger wichtig.

Vielen Menschen mangelt es deshalb an Humor, weil sie sich zu wichtig nehmen! Alles, was andere tun und sagen, wird von ihnen distanzlos persönlich genommen. Und das führt dazu, dass sie sich bereits von Winzigkeiten erschüttern lassen. Sie empfinden einen harmlosen Scherz nicht als harmlosen Scherz, eine fremde Meinung nicht als fremde Meinung, eine kleine Schwierigkeit nicht als kleine Schwierigkeit, sondern als Frontalangriff auf sich selbst, auf ihre Würde und auf ihre Position insgesamt. Wer so denkt, für den muss Humor ein Fremdwort sein.

Gehen Sie mit einer anderen Einstellung an die Dinge. Tun Sie nicht so, als seien Sie der Nabel der Welt und als ginge es ausschließlich um Sie und Ihre Gedanken und Gefühle. Versuchen Sie vielmehr, die Dinge mit ein wenig mehr Distanz und auch Selbstironie zu betrachten. Ein schönes Vorbild dafür ist der Preußenkönig Friedrich II., dessen Selbstdistanz durchaus existenzielle Züge annehmen konnte: *„Es heißt, dass wir Könige auf Erden die Ebenbilder Gottes seien. Ich habe mich daraufhin im Spie-*

gel betrachtet. Sehr schmeichelhaft für den lieben Gott ist das nicht."

Lachen Sie nicht erst mit zeitlicher Verzögerung.

So manches von dem, was in der Gegenwart Ärger auslöst, bewirkt im Rückblick einen Heiterkeitsanfall, nach dem Motto: *„Weißt du noch, damals, als wir versucht haben, das Klavier in den dritten Stock zu tragen ...?"* Versetzen Sie sich gedanklich also auch immer ein wenig in die Zukunft. Überlegen Sie sich, was Sie mit etwas Abstand zu der betreffenden Angelegenheit sagen werden. In vielen Fällen wird es ein außerordentlich humorvoller Kommentar sein!

Schärfen Sie Ihren Blick für die Komik des Alltags!

Aber am wichtigsten: Sorgen Sie bei sich insgesamt für eine neue Perspektive! Erkennen und genießen Sie, was der normale Alltag an Komik für Sie bereithält! Wer seine Mitmenschen und ihre Handlungen mit ein wenig Wachheit und (wohlwollendem!) Humor beobachtet, der lernt schnell, woher die Autoren von Komödien oder Slapstick-Filmen ihre Einfälle haben!

Stimmungsregel Nr. 7: Bereiten Sie sich häufiger selbst eine Freude

An Pflichten herrscht kein Mangel. An Zeit schon. Besonders Menschen mit ausgeprägtem Verantwortungsbewusstsein haben deshalb einen inneren Kompass, der nur in eine Richtung zeigt. Wieder länger im Büro bleiben, Ehrensache. Einem Kollegen einen Gefallen tun, kein Problem. Rund um die Uhr für die eigene Familie da sein, selbstverständlich!

So weit, so gut. Was dabei aber eben zu oft untergeht, das sind die eigenen Wünsche und Bedürfnisse. Kaum möchte man sich ein wenig Zeit für sich selbst nehmen oder sich etwas gönnen, das zwar nicht unbedingt nötig ist, woran man aber Freude hätte, schon stellt man das Vorhaben wieder zurück: *„Später, das kann ich mir jetzt nicht erlauben, zuerst die wichtigen Sachen."*

Sollten Sie sich in diesen Gedanken wiederfinden, dann justieren Sie Ihren Kompass neu! Denken Sie wieder mehr an sich selbst. Tun Sie häufiger als bisher, wonach Ihnen gerade der Sinn steht, worauf Sie Lust haben und worüber Sie sich freuen würden.

Reden Sie sich dabei insbesondere auch kein schlechtes Gewissen ein. Es geht ja nicht darum, eine Dauereintrittskarte in die Spaßgesellschaft zu lösen und von heute an nur noch die Puppen tanzen zu lassen. Wenn Sie sich aber niemals eine Auszeit gönnen und das Leben auch einmal genießen, dann ruinieren Sie auf Dauer nicht nur Ihre Stimmung, sondern auch Ihre Lebensqualität und Leistungsfähigkeit. Deshalb: Ab und zu früher nach Hause zu gehen (trotz des Wehgeschreis der zurückgebliebenen Aktenberge), sich mit einer schönen Lektüre zu entspannen (obwohl einem die Wohnung in den Ohren liegt, dass sie endlich aufgeräumt werden will) oder spontan ein schickes Kleidungsstück zu kaufen (obgleich der Kleiderschrank erzählt, dass er von Ähnlichem längst ausgefüllt wird) – das alles ist nicht unklug oder verantwortungslos, sondern Teil eines ausbalancierten Lebens. Stellen Sie sich also regelmäßig die folgenden drei Fragen:

- Womit könnten Sie sich heute eine Freude machen?
- Was haben Sie bei sich in letzter Zeit vernachlässigt?
- Was sollten Sie sich insgesamt häufiger gönnen als bisher?

Stimmungsregel Nr. 8: Genießen Sie die kleinen Dinge mit großer Wirkung!

Nicht auf ideale Verhältnisse warten, der Heiterkeit mehr Zeit schenken, Banalitäten weniger beachten, sich von seiner Umgebung unabhängig machen, sich nicht vom Ernst des Lebens anstecken lasen, mehr Humor zeigen und sich selbst häufiger eine Freude bereiten – Sie sehen, Sie haben viele Möglichkeiten, um Ihre Stimmung aktiv zu verbessern und vor negativen Einflüssen zu schützen.

Eine Empfehlung fehlt aber noch. Sie ist so wichtig, dass sie den Abschluss bilden soll. Behalten Sie immer im Blick, wie viele *„emotionale Highlights"* der normale Alltag für Sie bereithält, um auf angenehme, heitere und unbeschwerte Gedanken zu kommen: einige Minuten der Muße und Besinnung zwischen zwei Aktivitäten. Eine Runde Jogging durch den Park. Der Duft von nassem Gras nach einem sommerlichen Regenguss. Die Lichter der belebten Innenstadt am frühen Abend. Das morgendliche Brötchenholen am Wochenende, wenn die Straßen noch leer sind. Oder ein Ausflug mit Freunden und Familie. Alle diese Dinge sind so vertraut und auch so mühelos erreichbar, dass sie oft nicht nur unspektakulär, sondern fast schon banal erscheinen. In Wahrheit aber bilden gerade sie den Stoff, aus dem Lebensqualität und Lebensfreude gewoben werden!

2. Erhöhen Sie Ihre Wahrnehmungsfähigkeit und Wertschätzung für das Positive

Die zweite große Empfehlung für mehr Leichtigkeit und Lebensfreude lautet: Erhöhen Sie Ihre Wahrnehmungsfähigkeit und Wertschätzung für die positiven Elemente und Entwicklungen in Ihrem Leben. Machen Sie sich bewusst, welche „Glücksfaktoren" es gibt, wie erfolgreich Sie auf bestimmten Gebieten sind und welche Vorzüge und Möglichkeiten Ihnen die aktuelle Lage bietet.

Die meisten Menschen ignorieren, worüber sie sich freuen sollten

Vielleicht kennen Sie das: Kaum begrüßt man einen Gesprächspartner mit einem fröhlichen *„Was für ein schöner, sonniger Tag"*, so kommt auch schon seine Antwort: *„Ja, aber morgen soll es wieder regnen."*

Mit anderen Worten und grundsätzlich gesagt: Sehr viele Menschen haben eine eingeschränkte Art der Wahrnehmung. Man könnte auch sagen, sie leiden unter einer Art geistiger Genickstarre. Worüber sie auch nachdenken oder sprechen, im Mittelpunkt stehen ausschließlich die negativen Aspekte der Lage. Sie sehen, wie viele Probleme sie haben, was ihnen alles fehlt und was möglicherweise schiefgehen könnte. Über diese Dinge können sie stundenlang ohne Punkt und Komma dozieren.

Was sie dagegen kaum zu erkennen vermögen (oder vielleicht gar nicht erkennen wollen!), ist das, was sie bereits alles erreicht haben, was ihnen mühelos gelingt oder was ihr Leben insgesamt bereichert. Die Faktoren gehen vollständig unter. Bei ihnen ist also das Glas subjektiv nicht etwa nur halb leer, sondern fast völlig ohne Inhalt! Dass damit auch ihre Lebensfreude irgendwann einen Dauertiefststand erreicht, liegt auf der Hand.

Überlegen Sie, warum das Positive so leicht untergeht

Natürlich gibt es Gründe für dieses Wahrnehmungs- und Beurteilungsdefizit. Der erste ist Hetze und Hektik. Wer ständig von Aufgabe zu Aufgabe jagt, dem fehlen die Zeit und die innere Ruhe, um zu einer ausgewogenen Sicht der Dinge zu kommen. Er sieht nur noch, welche Schwierigkeiten ihn erwarten, und nicht mehr, welche Lösungen ihm offenstehen.

Der zweite Grund liegt in der Wirkungsmächtigkeit des Negativen. Ein Problem, ein Rückschlag oder ein Mangel werden von uns bewusst oder unbewusst immer auch als Gefährdung begriffen. Und eine vermeintliche Gefahr löst weit mehr und ganz andere Emotionen und Aktivitäten aus als das Empfinden, alles sei im Lot. Der Gedanke *„Das wird ein Erfolg"* wirkt auf uns wie ein laues Lüftchen. Der Eindruck *„Das geht schief"* trifft uns wie eine Orkanböe.

Der dritte Grund ist schlichte Ignoranz. Wir können noch so lange und intensiv um ein bestimmtes Ergebnis gekämpft haben – kaum haben wir es zustande gebracht, so geht sein Glanz auch schon verloren. Je länger uns das Resultat unserer Bemühungen dann begleitet, desto geringer schätzen wir es noch. Am Anfang war es ein wertvolles Ziel, nach einigen Jahren ist es nur noch eine banale Selbstverständlichkeit. Erst wenn es aus irgendwelchen Gründen wieder verschwunden ist, beginnen wir wach zu werden. *„Ein Tor erkennt, was er in den Händen hielt, als trefflich erst, wenn es verloren ist"*, so umschrieb der griechische Dichter Sophokles diese Denkweise schon vor über zweitausend Jahren.

Aktivieren Sie Ihre Glücksfaktoren

Es wird also höchste Zeit, die Welt mit anderen Augen zu sehen und die Vorherrschaft des Negativen zu beenden. Verändern Sie deshalb Ihr Paradigma. Schenken Sie dem Positiven in Ihrem Leben weit mehr Beachtung und Wertschätzung als bisher. Achten Sie viel stärker auf die Elemente und Geschehnisse, aus denen Sie Heiterkeit, Zuversicht und Zufriedenheit schöpfen können.

Wie? Ganz einfach! Stellen Sie sich einmal vor, Sie treffen einen guten Freund. Er ist vielleicht ein wenig deprimiert und angeschlagen und Sie möchten ihm Mut machen und ihn auf positive Gedanken bringen. Ganz sicher würde Ihnen ein Argument nach dem anderen einfallen. Sie würden ihm zum Beispiel sagen, wie viele Menschen ihn mögen. Sie würden ihm seine Erfolge aufzählen. Sie würden ihm schildern, welche Begabungen und Fähigkeiten er hat. Sie würden ihm seine Chancen und Gestaltungsmöglichkeiten nennen. Und Sie würden ihm wohl auch deutlich machen, wie groß die Probleme vieler anderer Menschen sind im Vergleich zu denen, die ihn plagen. Kurz gesagt – Sie würden ihm die Augen dafür öffnen, dass die Lage in Wirklichkeit weit besser ist, als er es im Augenblick empfindet.

Was aber hindert Sie nun daran, genau diese Liste von „Glücksfaktoren" auch für sich selbst aufzustellen? Niemand! Nutzen Sie also den folgenden Leitfaden, um zu erkennen, worüber Sie sich in Ihrem Leben freuen können und freuen sollten:

Glücksfaktor Nr. 1: Die Menschen, die Ihr Leben bereichern.

Wenn es einen Glücksfaktor im Leben gibt, dann sind es die Menschen, die einem nahestehen und die man liebt. Aber besonders diese Beziehungen sind durch Routine gefährdet. Wen man ständig sieht, mit wem man täglich zusammen ist, den betrachtet man fast automatisch als normalen Bestandteil der eigenen Existenz. Wenn man in Ruhe darüber nachdenkt, dann wird einem natürlich klar, wie unverzichtbar die betreffenden Menschen für einen sind. Im Alltag jedoch genießt und nutzt man die Beziehungen zu ihnen aber oft nur höchst unvollkommen. Machen Sie sich deshalb immer wieder bewusst, welche Menschen Ihr Leben bereichern und wer Ihrem Leben Freude, Sinn und Stabilität schenkt:

- Welche Menschen stehen Ihnen besonders nahe?
- Über wessen Existenz und Nähe freuen Sie sich ganz besonders?
- Für wen würden Sie alles tun, um ihn zu schützen und zu fördern?

Glücksfaktor Nr. 2: Ihre Erfolge.

Der zweite große Baustein sind Ihre Erfolge und Leistungen. Gönnen Sie sich also mehr Stolz auf das, was Sie in Ihrem Leben bereits erreicht haben! Begehen Sie insbesondere nicht den Fehler, bestimmte Leistungen als banal oder unbedeutend einzustufen, nur weil Sie sie in der Vergangenheit erbracht haben. Natürlich, niemand soll sich auf seinen Lorbeeren ausruhen. Ein Blick auf die eigenen Erfolge wirkt aber keineswegs einschläfernd, ganz im Gegenteil. Nur er liefert Ihnen die Selbstsicherheit und Motivation, die Sie brauchen, um auch Ihre künftigen Pläne zu verwirklichen. Beantworten Sie sich deshalb die folgenden Fragen:

- Welche Erfolge haben Sie im Leben bereits erzielt?
- Welche Hürden und Hindernisse haben Sie dabei überwunden?
- Welche besonderen Leistungen liefern Ihnen die Basis für Ihren aktuellen Status und für die Realisierung Ihrer kommenden Pläne und Projekte?

Glücksfaktor Nr. 3: Ihre Fortschritte.

Das Gefühl dürfte Ihnen vertraut sein: Man arbeitet und arbeitet und hat gleichzeitig den Eindruck, dass man kaum vorankommt. Der Aufwand ist enorm – aber wo bleibt bloß der Fortschritt? Er ist da, aber man übersieht ihn! Würde man in den eigenen Bemühungen kurz innehalten und das Gesamtbild betrachten, man könnte sehr wohl erkennen, was es in letzter Zeit an positiven Entwicklungen gegeben hat und was im Augenblick gut läuft. Überlegen Sie deshalb, welche Fortschritte es bei Ihnen in den letzten vierundzwanzig Monaten gab. Denken Sie nicht nur darüber nach, was alles noch an Wegstrecke vor Ihnen liegt, sondern auch darüber, welche Distanz Sie bereits zurückgelegt haben. Die folgenden Fragen helfen Ihnen dabei:

- Auf welchen Gebieten sind Sie in den vergangenen Monaten ein gutes Stück vorangekommen?
- Was ist besser geworden, als es vorher war?
- Welche Zwischenziele haben Sie erreicht und welche Probleme haben Sie gelöst?

Glücksfaktor Nr. 4: Ihre Begabungen und Stärken.

Lebensfreude und Selbstbewusstsein gehen Hand in Hand. Und kaum ein Faktor ist so wichtig für das eigene Selbstbewusstsein wie eine klare Vorstellung von den eigenen Begabungen und Stärken. Wer seine Fähigkeiten kennt und auf sie vertraut, der wird auch große Vorhaben entschlossen angehen.

Aber genau hier liegt das Problem. Das, was andere können, bewundert (oder beneidet) man. Das, was man selbst vermag, betrachtet man dagegen häufig als „kaum der Rede wert“. Was für eine Ungerechtigkeit sich selbst gegenüber! Entwickeln Sie deshalb eine größere Hochachtung für Ihre persönlichen Fähigkeiten. Nur wenn Sie Ihre Talente schätzen, werden Sie sie auch nutzen! Die Fragen an dieser Stelle lauten also:

- Auf welche Kenntnisse und Fähigkeiten können Sie sich stützen?
- Worin sind Sie besonders gut oder besser als viele andere?

- Welche Leistungen erbringen Sie immer wieder auf souveräne Weise?

Glücksfaktor Nr. 5: Ihre Chancen in der Gegenwart.

Das eigene Gehirn arbeitet auf seltsame Weise (jedenfalls bei vielen von uns). Hindernisse erkennt man schon auf große Entfernung, Chancen übersieht man oft auch dann, wenn man sich an ihnen die Nase platt drückt. Denken Sie deshalb ganz gezielt darüber nach, welche Macht- und Gestaltungsmöglichkeiten Ihnen die Gegenwart bietet. Es sind mit Sicherheit weit mehr, als Sie im ersten Moment glauben werden. Stellen Sie sich also regelmäßig die folgenden drei Fragen:

- Welche Einfluss- und Machtmöglichkeiten haben Sie im Augenblick, um Ihren Zielen näher zu kommen?
- Was können Sie verändern und verbessern?
- Welche nächsten Schritte können Sie unternehmen und wer kann Sie dabei unterstützen?

Glücksfaktor Nr. 6: Das Negative, das nicht eingetreten ist.

Sich über ein soeben erreichtes Ziel zu freuen ist keine allzu große Kunst. Man sieht das Ergebnis direkt und greifbar vor sich und spürt seine Wirkung ganz unmittelbar. Wahrzunehmen und zu schätzen, welche Probleme *nicht* vorhanden sind und welche Negativentwicklungen *nicht* eingetreten sind, ist dagegen eine echte Herausforderung. Kaum etwas liefert aber so viele Ansatzpunkte, um sich bewusst zu machen, wie gut es einem in Wahrheit geht und wie viele Gründe man hat, in positiver Stimmung zu sein. Die folgenden Fragen helfen Ihnen, auch diese „unsichtbaren" Glücksfaktoren zu erkennen:

- Worüber sollten Sie sich freuen, weil es *nicht* geschehen ist?
- Welche Befürchtungen haben sich in Luft aufgelöst?
- Welche Rückschläge konnten Sie vermeiden?
- Was hätte sich weit schlechter entwickeln können, als es der Fall war?

Nutzen Sie Ihren Glücksleitfaden regelmäßig

Sie sehen, es gibt eine Vielzahl von Ansatzpunkten, um zu entdecken, was im eigenen Leben alles positiv und motivierend ist: Ihre Familie, Freunde und Kollegen. Ihre Erfolge. Ihre aktuellen Fortschritte. Ihre Stärken. Ihre Chancen. Die Probleme, die Sie nicht haben. Selbst wenn Sie auf jedem dieser Felder beim Beantworten der oben genannten Fragen nur ein oder zwei Punkte nennen können, so ist das Gesamtergebnis doch mehr als beeindruckend.

Verwenden Sie Ihren Glücksleitfaden deshalb regelmäßig. Nutzen Sie ihn insbesondere immer auch dann, wenn Sie sich in schlechter Stimmung befinden, wenn Sie sich um etwas sorgen oder wenn Sie wieder einmal an allem zweifeln. Sie werden feststellen, es hilft Ihnen enorm. Sie lenken Ihre Gedanken damit wieder in eine positive Richtung. Sie erkennen, auf wie vielen Dingen Sie aufbauen können. Und Sie gewinnen ein hohes Maß an Kraft und Zuversicht – eben weil Sie wissen, dass es sich bei Ihrer Analyse nicht um ein Schönreden der Verhältnisse handelt, sondern um eine klare, sachliche Betrachtung der Realitäten!

3. Halten Sie sich Nervensägen und Stimmungsräuber vom Leibe

Den mit Abstand größten Einfluss auf unsere Stimmung (natürlich außer uns selbst!) haben die Menschen, mit denen wir zusammenkommen und zusammenleben. Ob es um berufliche oder private Partner geht, ob es sich um intensive Kontakte oder zufällige Treffen handelt: das, was andere Menschen tun und sagen, löst eine Flut von Empfindungen bei uns aus – im positiven und im negativen Sinne! Es gibt Gespräche, nach denen man voller Fröhlichkeit, Optimismus und Tatendrang ist. Und es gibt Begegnungen, nach denen die Stimmung einem Trümmerfeld gleicht und die Leistungskraft auf Stunden hinaus ruiniert ist.

Die Schlussfolgerungen liegen auf der Hand. Erstens: Sichern und fördern Sie Ihre Beziehungen zu den Menschen, die Sie mögen und mit denen Sie gerne zusammen sind. Jede Minute mit ihnen ist ein Gewinn für Ihre Stimmung und Lebensqualität. Dieser Aufgabe werden wir uns in einem späteren Kapitel zuwenden.

Zweitens: Vermeiden oder verringern Sie Ihre Kontakte zu den Personen, die nichts anderes sind als Nervensägen und Stimmungsräuber. Jede Minute mit ihnen ist eine Minute zu viel. Und genau darum geht es in diesem Kapitel!

Nervensägen findet man überall

Bei der Entwicklung der Menschheit hätte man auf die Gattung der Nervensägen gut verzichten können. Sie sind nicht nur eine Pein für ihre Umwelt, sie sind insbesondere auch noch überall zu finden. Eine Begegnung hatte ich im ICE von Köln nach Frankfurt. Großraumwagen, alle Plätze belegt. Mittendrin ein junger Mann, der sich von der Anwesenheit anderer nicht von der Arbeit abhalten ließ. Seine Beschäftigung bestand darin, auf seinem Laptop eine PowerPoint-Präsentation durchzuarbeiten und seine Korrekturwünsche gleichzeitig per Handy an sein Büro durchzugeben.

Es war schlimm. Die Folienzahl war riesig: *„Jetzt Seite 46."* Die Zahl der Änderungen pro Folie ebenfalls: *„In Zeile 12 anstelle von Global Player jetzt Global Leader."* So laut, wie er schrie, telefonierte er allem Anschein nach mit einem Tauben: *„Global LEADER!"* Und zu allem Überfluss brach auch noch alle vierzig Sekunden seine Verbindung zusammen: *„HALLO, HALLO, HÖREN SIE MICH NOCH?"* Natürlich, wir alle hörten ihn.

Zu welcher Reaktion hätten Sie mir geraten? Ihm sein Handy entreißen und damit seinen Laptop zertrümmern? Ihn höflich und liebenswürdig fragen, ob er verrückt geworden ist und seelischen Beistand braucht? Die Notbremse ziehen und ihn samt Geräten aus dem Zug werfen? Ich bin einfach in Frankfurt ausgestiegen!

Genau hier aber liegt das Problem. So einfach geht es eben nicht immer, speziell dann, wenn die Nervensägen und Stimmungsdiebe fester Bestandteil der eigenen Lebenswelt sind. Ein Kollege, der ständig Scherzbemerkungen auf Kleinkinderniveau von sich gibt (und zwar immer die gleichen). Ein Freund oder eine Freundin, die stundenlang von ihren Problemen erzählen (man sollte ihn oder sie auf eine Couch legen, so tun, als ob man mitschreibt, und anschließend Honorar verlangen). Ein Verwandter, der sich bei jeder Familienfeier neben einen setzt und unablässig erklärt, dass er alles besser weiß (stimmt, in 98 Prozent aller Fälle handelt es sich dabei um den Schwager).

In allen diesen Fällen besteht die Aufgabe darin, sich die betreffende Person weit stärker als bisher vom Leibe zu halten oder aber eine Methode zu finden, sich von ihrem Verhalten nicht mehr beeinträchtigen zu lassen – und das, ohne sie sich zum Gegner oder Feind zu machen. Die folgenden Gedanken und Empfehlungen sollen Ihnen diesen Spagat erleichtern.

Machen Sie sich die Verhaltensmuster bewusst

Ein großer Teil der Negativwirkung von Nervensägen und Stimmungsräubern beruht darauf, dass man ihrem

Auftreten immer wieder aufs Neue mit einer Mischung aus Fassungslosigkeit, Schrecken und Ärger gegenübersteht. Die Folge ist eine Art geistige Schockstarre. Die Augen und Ohren teilen einem zwar mit, was gerade geschieht, das Gehirn weigert sich aber, es zu glauben. *„Reiner Unsinn, so etwas gibt es gar nicht“*, so etwa lautet sein Kommentar. Erst wenn der betreffende Plagegeist schon wieder über alle Berge ist, kehren das Denkvermögen und die Handlungsfähigkeit langsam wieder zurück. Nun erkennt man, was man hätte tun sollen, man kann es bloß nicht mehr ausführen. Das Einzige, was einem bleibt, ist das Schwelgen in Rachegelüsten und Vergeltungsstrategien. Da es sich dabei aber um Pläne handelt, von denen man tief im Inneren weiß, dass sie niemals zur Ausführung gelangen werden, verdüstert sich die eigene Stimmung dadurch nur noch weiter.

Machen Sie sich deshalb als Erstes klar, welche Arten von Stimmungsräubern es gibt und mit welchen Mitteln und Methoden sie arbeiten. Je genauer Sie die unterschiedlichen Typen und deren Verhaltensmuster kennen, desto leichter fällt es Ihnen, sich auf sie einzustellen, innere Distanz zu wahren und auf kluge, angemessene Weise zu reagieren. *„Gefahr erkannt, Gefahr gebannt“*, so lautet die Formel auch hier!

Die Schwätzer und Störer.

Die häufigste Art sind die *Schwätzer und Störer.* Für sie gilt der Satz *„... denn sie wissen nicht, was sie tun“* in ganz besonderer Weise. Wenn andere versuchen, in Ruhe zu arbeiten oder sich ein wenig zu entspannen, sitzen sie direkt daneben und führen lauthals Gespräche oder Telefonate. Meist verraten sie dabei auch noch Informationen, die man selbst höchstens im Flüsterton und hinter verschlossenen Türen preisgeben würde. Auf die Idee, dass sie damit Narrenstatus gewinnen und ihrer Umwelt massiv auf die Nerven gehen, kommen sie nie.

Im Berufsleben treten sie meist in Zügen (siehe oben), Flughafenlounges und Großraumbüros auf. Privat erblickt man sie bevorzugt in Cafés, Hotelhallen oder hinter dem eigenen Gartenzaun (im letzten Fall verfügen sie dann auch noch über Werkzeuge, meist Rasenmäher mit Boxermotor oder elektrische Laubgebläse, die auch als Düsentriebwerk dienen können). Würden die Schwätzer und Störer plötzlich alle gleichzeitig aus der Welt verschwinden, der Geräuschpegel auf unserem Planeten nähme um 20 Dezibel ab und das Problem der Überbevölkerung wäre ebenfalls gelöst.

Die Bremser.

Eine ebenfalls weit verbreitete Gruppe sind die sogenannten *Bremser*. Im normalen Alltag eher spröde und schweigsam, erwachen sie dann zu vollem Leben, wenn es darum geht, zu erklären, warum etwas niemals funktionieren kann und niemals funktionieren wird. Da sie diese Botschaft immer und überall bringen, sehen sie auch keine Notwendigkeit mehr, irgendwelche Argumente für ihre Behauptungen zu nennen. Sie kommen einfach zum Punkt und sagen es klipp und klar: *„Das geht nicht, das funktioniert aber nicht immer, das gelingt auf keinen Fall, das schaffen wir nie."*

Die Bremser haben deshalb auch weit mehr Freude am Scheitern eines Vorhabens als an seinem Gelingen. Selbst wenn sie dabei selbst etwas verlieren, ist ihre Genugtuung aus jeder Silbe herauszuhören: *„Ich habe es doch gleich gesagt, das schaffen wir nie!"* Und sollte sich erweisen, dass entgegen ihrer Vorhersage alles ein großer Erfolg wurde, dann wird man von ihnen alles hören, nur kein Lob: *„Mag sein, dass alle Kunden von der Veranstaltung begeistert waren, aber einer hat vergessen, sich in die Teilnehmerliste einzutragen!"*

Die Befürchtungs-Fetischisten.

Eng mit den Bremsern verwandt sind die *Befürchtungs-Fetischisten.* Für sie ist die Welt nicht voller Chancen und Gestaltungsmöglichkeiten, sondern voller Risiken und Bedrohungen. Optimismus betrachten sie als Ausdruck von Realitätsferne und Mut als sicheren Schritt in Richtung Untergang!

Kaum spricht man mit einem von ihnen enthusiastisch über die eigenen Pläne, schon verdüstert sich sein Blick. Der Kopf beginnt zu pendeln, die Stirn legt sich in Falten, der Zeigefinger geht nach oben. Der anschließende Kommentar ist ein Gewitter an Warnungen und Unheilsbotschaften: *„Das ist nicht ungefährlich. Das gibt*

Ärger. Da kann sonst etwas passieren. Da sollte man vorsichtig sein. Also, ich würde mir das alles noch einmal gut überlegen."

Für ihre beruflichen Partner sind Befürchtungs-Fetischisten ein Klotz am Bein, für ihre privaten auf Dauer unerträglich. Was auch gemeinsam unternommen oder besprochen wird, die Warnung oder Sorge als Dritter im Bunde ist immer mit dabei. *„Nimm lieber noch zwei warme Jacken mit. Pass auf, die fahren heute alle wie die Verrückten. Wir hätten anrufen sollen, das Restaurant hat bestimmt keinen Platz mehr frei. Ich spüre seit gestern einen Schmerz in der linken Ferse, meinst du, das ist was Schlimmes?"* So geht es Tag für Tag. Selbst Kassandra würde irgendwann die Flucht ergreifen!

Die Rechthaber und Besserwisser.

Rechthaber und Besserwisser sind das Ende jeder normalen Unterhaltung. Für sie ist ein Gespräch kein Dialog, sondern eine Kampfhandlung. Die Vorstellung, einem Menschen in Ruhe zuzuhören und seine Gedanken als Ausdruck seiner persönlichen Meinung zu akzeptieren, ist für sie schlichtweg absurd. Ihr einziges Streben liegt darin, dem anderen zu demonstrieren, wie wenig er weiß und wie wenig er kann – selbstverständlich ganz im Gegensatz zu ihnen selbst.

Hinzu kommt, dass Rechthaber und Besserwisser meist auch noch Dauerredner sind. Sobald sie das Wort ergriffen haben, kommen alle anderen über die Publikumsrolle nicht mehr hinaus. Inhaltlich geht es dabei aber weniger um die Lieferung von Substanz als mehr um die Selbstdarstellung als Universalexperte. Thematische Grenzen sind den Rechthabern und Besserwissern deshalb fremd. Ob es um Außenpolitik, Börsengeschehen, Weltraumfahrt oder die richtige Grilltemperatur geht, sie haben stets die neueste Information, das größte Wissen und das letzte Wort: *„Ich habe es bei meiner Reise doch selbst gesehen, die Welt ist eine Scheibe."*

Die Schulzeit von Rechthabern und Besserwissern muss schrecklich gewesen sein. Für ihr Verhalten wurden sie von ihren Lehrern höchstwahrscheinlich gehasst und von ihren Klassenkameraden mit Sicherheit regelmäßig verdroschen. Das haben sie niemals vergessen und zahlen es uns anderen noch heute heim.

Die Muffel.

Bei oberflächlicher Betrachtung noch vergleichsweise harmlos, bei täglichem Kontakt jedoch eine schwere Last sind die Muffel. Die Stimmung, die sie ausstrahlen, ist eine Mischung aus Übellaunigkeit, Desinteresse und Maulfaulheit, aufgepeppt mit einem Schuss Bösartigkeit. Das Beeindruckende an den Muffeln ist ihre Wirkungskraft. Oft genügt ein einziges Exemplar, um eine ganze Büroetage in eine emotionale Sumpflandschaft zu verwandeln.

Von seinem Verhaltensmuster her ist der Muffel der klassische Reagierer. Solange man ihn ignoriert, verrät er sich allein durch das für ihn typische mürrische Mienenspiel. Wird er aber angesprochen, offenbart er sein Wesen ganz und gar. Die ihm entgegengebrachte Bemerkung kann noch so fröhlich und liebenswürdig sein, seine Antwort wird barsch und destruktiv ausfallen. Auf ein *„Guten Morgen!"* hört man von ihm ein *„Warum denn?"* und auf ein *„Guten Abend"* so etwas wie *„Wie kommen Sie denn auf diese absurde Idee?"*

Die einzige Situation, in der ein Muffel ein Ausbund an Heiterkeit und Lebensfreude wird, ist die, in der einem Mitmenschen ein Missgeschick oder Unglück widerfährt. Dann verwandelt sich der Muffel in ein geselliges, kommunikatives Wesen, das alle an seiner Begeisterung über den Vorfall teilhaben lässt, auch den Betroffenen selbst: *„Herr Kollege, bitte erzählen Sie doch noch mal, wie das mit Ihrer Lebensmittelvergiftung im Urlaub passieren konnte."*

Auch wenn sie es leugnen, in Wahrheit lieben Muffel die Arbeit in Gruppen. Nur hier können sie sich entfalten. Werden Muffel dagegen gezwungen, in Einzelbüros zu arbeiten, neigen sie schnell zur Austrocknung und anschließend zur Versteinerung. Viele Unternehmen haben inzwischen deshalb aus der Not eine Tugend gemacht und begonnen, Eingangshallen, Wandelgängen und Besucherterrassen durch den gezielten Einsatz von versteinerten Muffeln ein neues, inspirierendes Aussehen zu verleihen!

Die Frustrationsablader.

Richtig gefährlich sind die Frustrationsablader. Wollte man die Zusammenhänge in pharmazeutischen Kategorien ausdrücken, so könnte man sagen, dass die Wirkung der bislang genannten Gruppen in etwa auf der Ebene starker Laxativa (vulgo: Abführmittel) angesiedelt ist, während die Frustrationsablader fast schon toxische Eigenschaften besitzen.

Das Charakteristikum der Frustrationsablader besteht darin, dass sie ihre Gesprächspartner als Deponie für ihre Probleme, Sorgen und Misserfolge missbrauchen. Als Einstieg benutzen sie meist die harmlos klingende Bitte, eine kurze Frage stellen zu dürfen. Willigt man ein, ist man verloren. Anstelle der Frage kommt eine Flutwelle an Klagen und Beschwerden über die Ungerechtigkeit der Welt, das Verhalten des Vorgesetzten, die Dummheit der Mitmenschen und die völlige Aussichtslosigkeit, irgendetwas im positiven Sinne beeinflussen zu können. Und dieser zerstörerische Wortschwall dauert exakt so lange an, bis es ihnen gelungen ist, ihre negative, depressive Stimmung vollständig von sich selbst auf ihren Gesprächspartner zu übertragen. In diesem Augenblick beginnen sie zu lachen, erklären, dass ja eigentlich alles gar nicht so schlimm sei, bedanken sich knapp und sind verschwunden – während ihr Partner wie paralysiert zurückbleibt und jeden Funken Energie und Hoffnung verloren hat.

Das, was Frustrationsablader betreiben, ist daher mit Stimmungsdiebstahl nur unzureichend beschrieben. In Wahrheit ist es seelische Körperverletzung.

Die Obersieger.

Von einer Gruppe werden aber sogar die Frustrationsablader noch übertroffen – von den Obersiegern. Sie sind die wahren Könner und Könige unter den Nervensägen und Stimmungsräubern!

Das Hauptmerkmal der Obersieger ist ihre Gewohnheit, der gesamten Welt mit größter Lässigkeit zu erklären, wie einfach es doch ist, reich, schön und glücklich zu werden. Ein Fingerschnipsen genügt, um Blei in Gold zu verwandeln. Typische Sätze von Obersiegern klingen etwa wie *„Wenn man sich mit Aktienfonds auskennt, dann ist der Kauf einer Villa in Starnberg nur eine Frage von ein paar Wochen“* oder *„Das Schöne an Segeljachten ist, dass man beim Innenausbau viel Geld sparen kann“*. Texte dieser Art produzieren sie im Minutentakt, während man sich selbst gleichzeitig immer mehr wie ein unbedeutendes, armes Würstchen vorkommt, dem im Leben so gut wie nichts gelungen ist und wohl auch nie mehr etwas Richtiges gelingen wird.

Die zerstörerische Wirkung der Obersieger ist also deshalb so groß, weil sie ihren Gesprächspartner insgesamt destabilisieren. Sie rauben ihm nicht nur die Stimmung, sondern darüber hinaus auch sein Selbstbewusstsein. Da hilft es einem dann auch wenig, wenn man bei einem späteren Treffen erfährt, dass die Aktien nicht steil in die Höhe gestiegen, sondern in finstere Tiefen gefallen sind und dass anstelle der Segeljacht ein Hometrainer angeschafft wurde. Der Obersieger wird auch diese Entwicklung auf gewohnte Weise kommentieren: *„Wer jetzt in den Markt einsteigt, dem winken riesige Renditen“* und

„Ich fahre jetzt täglich um fünf Uhr morgens eine Pyrenäen-Etappe, hilft mir auch sehr gegen den Jetlag bei meinen New-York-Flügen!"

Betreiben Sie ein gezieltes „Nervensägen-Management"

Die wichtigsten Nervensägen- und Stimmungsräuber-Typen haben wir also kennengelernt. Lassen Sie uns nun sehen, wie wir am besten mit Personen dieser Art umgehen, um uns trotz ihrer Existenz oder Gegenwart unsere Heiterkeit und Leichtigkeit zu erhalten.

Weniger Kontakte.

Wie schon gesagt, jede Minute mit den beschriebenen Personen ist eine Minute zu viel. Nehmen Sie deshalb niemals von sich aus Kontakt zu ihnen auf, es sei denn, die Umstände zwingen Sie dazu. Versuchen Sie in diesem Fall, den Kontakt auf einer möglichst niedrigen Stufe zu halten: Telefonat statt persönlichem Gespräch. E-Mail statt Telefonat. Brief statt E-Mail.

Kürzere Kontakte.

Dehnen Sie Gespräche und Unterhaltungen nicht länger aus, als es sachlich oder aus Höflichkeitsgründen erforderlich ist. Vermeiden Sie überflüssige Plaudereien, erzählen Sie keine langen Geschichten, stellen Sie keine unnötigen Fragen. Liefern Sie insbesondere keine Kommentare, die auf den anderen wie ein Aufputschmittel wirken. Wenn Sie zum Beispiel einem Besserwisser so etwas antworten wie *„Das klingt wirklich interessant"*, wird er bis zum St.-Nimmerleins-Tag auf Sie einreden. Das Einzige, was Ihnen dann vielleicht noch als Rettung bleibt, ist, einen Hörsturz vorzutäuschen oder den anderen zu fragen, ob Sie ihm schon von Ihrer bisher kaum erforschten, dafür aber hoch ansteckenden Viruserkrankung erzählt haben.

Verschwiegenheit.

Nichts liefert einem Stimmungsräuber so viel Munition und Antrieb wie Informationen über Ihre persönliche Lage. Teilen Sie deshalb auch niemals mit, wie es Ihnen geht, woran Sie arbeiten oder was Sie vorhaben. Was Sie ihm auch sagen und wie Sie es auch formulieren, der andere würde es nur dazu nutzen, Sie mit seiner Antwort zu demotivieren oder zu verletzen. Warum sollten Sie ihm dieses Vergnügen gönnen? Der griechische Philosoph und Schriftsteller Plutarch wusste es schon vor rund zweitausend Jahren: *„Zur rechten Zeit zu schweigen ist ein Zeichen von Weisheit und oft besser als jede Rede."*

Überzeugen.

Die Erfahrung zeigt aber auch, dass vielen Nervensägen und Stimmungsräubern gar nicht bewusst ist, wie sie auf ihre Mitmenschen wirken. Oft steckt also nicht etwa böser Wille hinter ihrem Verhalten, sondern einfach nur Gedankenlosigkeit oder das Unvermögen, sich in andere hineinzuversetzen. Hier besteht Hoffnung auf Besserung! Versuchen Sie deshalb, bei diesen Personen auf liebenswürdige und gleichzeitig konsequente Weise gegenzusteuern, insbesondere dann, wenn Sie häufig mit ihnen zusammenkommen.

Zeigen Sie Ihrem Partner zuerst mit einer Andeutung, was Sie stört. Geben Sie ihm die Chance zur Selbsterkenntnis. Wenn das nicht hilft, dann machen Sie den zweiten Schritt. Sagen Sie der betreffenden Person kurz und präzise, was Sie als unangenehm empfinden und was Sie deshalb nicht mehr erleben möchten. Bauschen Sie die Angelegenheit aber nicht auf und greifen Sie Ihren Partner niemals persönlich an. Liefern Sie ihm vielmehr eine sachliche Begründung, die er verstehen und nachvollziehen kann.

Und, besonders wichtig, bleiben Sie höflich! Es gibt Menschen, bei denen Hopfen und Malz verloren sind (siehe die nächste Kategorie). Bei allen anderen aber kommen Sie mit Höflichkeit fast immer zum Ziel: *„Ich habe eine Bitte. Könnten Sie ab jetzt etwas leiser telefonieren, während ich hier im selben Raum arbeite? Sie würden mir damit sehr helfen. Vielen Dank!“*

In die Schranken weisen.

Wie aber ist die Lage bei Partnern, die man auch mit größter Liebenswürdigkeit nicht zu einem Umdenken bewegen konnte und hinter deren Verhalten offenkundig reine Absicht oder gar blanke Bösartigkeit stecken? Auch auf diese Frage gibt es eine Antwort.

Wenn Ihnen diese Menschen nur selten begegnen, dann haken Sie die Angelegenheit einfach ab. Hier zusätzlich Zeit und Energie zu investieren lohnt sich einfach nicht. Wenn Ihnen diese Personen aber täglich Ihre Heiterkeit und Arbeitsfähigkeit rauben, dann wird es Zeit, entschlossen zu handeln!

Treffen Sie in diesem Fall die Entscheidung, sich das Verhalten des anderen nicht weiter bieten zu lassen. Zeigen Sie ihm seine Grenzen. Gehen Sie auf ihn zu und sagen Sie ihm offen und direkt, was Sie für ungehörig halten und was Sie sich künftig verbitten. Nehmen Sie dabei auch in Kauf, dass es zu einer persönlichen Konfrontation kommen kann. Natürlich kostet ein solcher Streit Kraft – aber eben nur einen Bruchteil der Kraft, die Sie verlieren würden, wenn Sie das Verhalten des anderen einfach weiter hinnähmen.

Lassen Sie deshalb auch keinen Zweifel daran, dass Sie bei diesem Thema nicht nachgeben werden: *„Ich habe Ihr Verhalten lange Zeit akzeptiert. Ich habe versucht, Ihnen auf freundliche Art zu sagen, wie sehr es mich stört. Sie haben dies ignoriert. Nun sage ich es Ihnen mit größtem Nachdruck: Ich werde Ihr Verhalten nicht mehr dulden! Bitte ändern Sie es sofort. Wenn Sie so weitermachen* *wie bisher, bekommen wir den größten Ärger miteinander, und das möchte ich uns ersparen!"*

Beachten Sie bei aller Klarheit Ihrer Worte aber auch hier grundsätzlich die Regeln des Anstands und der Höflichkeit, besonders auch dann, wenn Ihr Gesprächspartner ausfallend werden sollte. In dem Moment, in dem Sie sich auf seine Ebene begeben, machen Sie sich angreifbar. Wenn Sie aber die Form wahren, dann wahren Sie automatisch auch Ihre moralische Überlegenheit.

Vielleicht gibt es Einzelfälle, bei denen selbst diese Vorgehensweise nicht weiterhilft. Die Wahrscheinlichkeit, dass Sie Ihr Ziel erreichen, ist aber hoch. Die Erfahrung zeigt, dass freche Menschen fast immer auch feige Menschen sind. Sie verhalten sich so lange rücksichtslos, wie sie den Eindruck haben, dass ihnen dabei nichts passieren kann. Sobald sie aber erkennen, dass sich ein anderer ihr Verhalten nicht mehr bieten lässt, verwandelt sich ihre Aufsässigkeit in Duckmäusertum: *„Ja, wenn ich das gewusst hätte, warum haben Sie mir das denn nicht schon viel früher gesagt, dann hätte ich das doch niemals gemacht ..."*

Den Spiegel vorhalten.

Eine spannende Methode der Abwehr von Nervensägen und Stimmungsräubern lässt sich am besten mit der Überschrift „den Spiegel vorhalten" beschreiben. Ihr Prinzip besteht darin, dem anderen auf eine für ihn verblüffende Weise vor Augen zu führen, wie peinlich sein

Verhalten für ihn selbst ist! Zwei Beispiele beschreiben, wie es funktioniert.

Das erste stammt von einem Geschäftsfreund. Auch er hatte bei einer Bahnfahrt eine Begegnung mit einem Störer, in diesem Falle in einem Abteil. Es war ein neu hinzugekommener Fahrgast, der sofort lautstark zu telefonieren begann. Das Unangenehme war, dass er damit auch nicht mehr aufhörte. Mein Bekannter und alle anderen versuchten es mit Räuspern, Kopfschütteln, Augenrollen und demonstrativem Zeitungshochhalten. Nichts half. Dann, ganz plötzlich, zog ein älterer Mitreisender seine Schuhe aus, nahm die Beine hoch und legte seine Füße direkt neben den Dauertelefonierer. Der unterbrach sofort das Gespräch und erklärte entrüstet, dass ihm der Anblick fremder Füße in Socken nicht sonderlich gefalle. Die Antwort des älteren Herren kam prompt: *„Sehen Sie, und uns gefällt nicht, dass Sie hier so laut telefonieren."* Von diesem Moment an herrschte Ruhe.

Das zweite Beispiel stammt von einem guten Bekannten. Er wohnt in einer schönen Altbauwohnung und hat zudem das Privileg, als Einziger im Innenhof des Hauses über einen Garagenplatz zu verfügen. Seine Freude daran wurde aber lange Zeit dadurch gemindert, dass der Inhaber einer kleinen Makleragentur im Erdgeschoss des Gebäudes ständig vor der Hofeinfahrt hielt, stets mit dem fröhlichen Hinweis *„war ja nur ganz kurz"*. Mein Bekannter nahm es zuerst hin, dann bat er höflich, es zu unterlassen, anschließend wurde er deutlicher, alles ohne große Wirkung. Irgendwann einmal wurde er dann von einem Nachbarn angesprochen: *„Stört es Sie nicht, dass*

Ihre Einfahrt ständig zugestellt ist? Also, mich würde es stören." Das brachte meinen Bekannten auf die Lösung! Als der Makler wieder einmal auf seine Aufforderung hin den Wagen wegfuhr, bedankte er sich kurz und fügte noch die Bemerkung an: *„Wissen Sie eigentlich, dass mich schon die anderen Nachbarn darauf ansprechen, dass Sie immer vor der Einfahrt stehen? Die finden das richtig rücksichtslos von Ihnen und haben mich gefragt, warum ich mir das bieten lasse."* Seitdem bleibt der Platz frei. Was eine Einzelperson von ihm dachte, war dem Makler offenbar egal. Aber bei allen Bewohnern des Hauses als Rüpel zu gelten, das war ihm zu viel!

Weniger wichtig nehmen.

Eine Empfehlung aber ist so wichtig, dass sie an dieser Stelle den Abschluss bilden soll. Sie lautet: Nehmen Sie Nervensägen und Stimmungsräuber künftig weniger wichtig! Machen Sie sich bewusst, dass Narren ein Teil dieser Welt sind. Wollten Sie wirklich einen Zustand schaffen, in dem Sie nie wieder etwas mit einem zu tun haben, Sie würden sich etwas vornehmen, dessen Aussichtslosigkeit schon Friedrich von Schiller erkannte: *„Mit der Dummheit kämpfen selbst Götter vergebens."*

Reagieren Sie also künftig mit größerer „Coolness", wenn Ihnen wieder einmal jemand die Stimmung zu rauben droht. Verschwenden Sie Ihre Zeit und Kraft nicht mit Depressionsanfällen oder Wutausbrüchen und stellen Sie sich auch nicht stundenlang die Frage, warum gerade Sie an eine solche Gestalt geraten mussten. Betrachten Sie die Angelegenheit als das, was sie ist – als einen Teil des normalen Alltagsgeschehens.

Lenken Sie Ihren Blick stattdessen lieber auf die große Zahl der angenehmen, sympathischen und motivierenden Menschen, mit denen Sie zusammenleben und zusammenarbeiten. So unangenehm und belastend das Verhalten von Nervensägen und Stimmungsräubern also auch sein mag und so regelmäßig man ihnen auch begegnet, im Vergleich zu der Zahl der positiven Partner bilden sie eben doch eine Minderheit!

4. Fördern Sie Ihre Zufriedenheit

Lebensfreude ohne Zufriedenheit? Unmöglich! Zufriedenheit ist die Basis der Heiterkeit, der Gelassenheit und der Zuversicht. Wer *in* seinem Leben und *mit* seinem Leben zufrieden ist, der hält sein Glück in beiden Händen. Unzufriedenheit dagegen ist ein schweres Übel. Sie macht mürrisch. Sie macht verbissen. Sie macht krank. Sie vergiftet alles, was das Leben lebenswert macht.

Eine „Kunst der Leichtigkeit" ist also immer auch eine „Kunst der Zufriedenheit". Die folgenden Gedanken und Empfehlungen sollen Ihnen deshalb zeigen, wie es Ihnen gelingt, im Leben mehr Zufriedenheit zu gewinnen und sich diese Zufriedenheit auch auf Dauer zu erhalten.

Genießen Sie das Vorhandene

So entscheidend Zufriedenheit für das eigene Lebensglück ist, so schwierig ist sie offenbar zu erlangen. Die Gesamtlage kann noch so günstig sein, irgendetwas liefert immer einen Grund, um mit dem Schicksal zu hadern. Mehr noch. Die „Gabe" zur Unzufriedenheit scheint uns bereits in die Wiege gelegt worden zu sein. Johann Wolfgang von Goethe beschreibt es genau: *„Wie selten ist der Mensch mit dem Zustande zufrieden, in dem er sich befindet! Er wünscht sich immer den seines Nächsten, aus welchem sich dieser gleichfalls hinaussehnt.“*

Die erste und oberste Zufriedenheitsregel lautet deshalb: Gewöhnen Sie sich eine neue Einstellung und Denkweise an. Genießen Sie das Vorhandene!

Hören Sie also auf, ständig darüber nachzudenken, was in Ihrem Leben noch besser sein könnte, was Ihnen noch fehlt, was sich zu langsam entwickelt oder wie gut es anderen geht. Trennen Sie sich inbesondere von der Illusion, das *„Gras auf der anderen Seite des Hügels sei immer grüner“* (dieser Satz stammt übrigens aus den Niederlanden, gilt aber sicher weltweit). Es ist völliger Unsinn. Auf der anderen Seite des Hügels stehen Menschen, die blicken in Ihre Richtung und glauben genau das Gleiche!

Konzentrieren Sie sich stattdessen weit stärker auf das, was Sie bereits haben. Machen Sie sich seinen Wert bewusst. Schätzen Sie es, nutzen Sie es und schöpfen Sie es aus. Machen Sie sich klar, wie sehr Sie sich angestrengt haben, um es zu erlangen, und wie Sie sich fühlen würden, wenn Sie es auf einmal wieder verlieren.

Am besten, Sie blicken auch in diesem Zusammenhang auf die Liste Ihrer Glücksfaktoren aus dem Kapitel „Erhöhen Sie Ihre Sehfähigkeit für das Positive“: Ihre Beziehungen zu anderen Menschen, Ihre Erfolge, Ihre Fortschritte, Ihre Stärken, Ihre Chancen, die Probleme, die Sie nicht haben – alle diese Elemente zeigen Ihnen, worüber Sie sich freuen können und was Ihnen Grund genug gibt, mit mehr Zufriedenheit und Ausgeglichenheit durchs Leben zu gehen.

Bezähmen Sie Ihre Wünsche

Die Empfehlung „mehr Genuss am Vorhandenen“ führt direkt zu einer zweiten großen Zufriedenheitsregel: Beenden Sie das Wunschwettrennen! Was damit gemeint ist? Lesen Sie einfach weiter!

Bestimmt kennen Sie die Situation. Man blättert in einer Zeitschrift, man sieht einen Fernsehbericht, man bummelt durch die Stadt, und auf einmal macht es im Gehirn „klick“ – diesen Gegenstand, den man da plötzlich erblickt, den möchte, nein, den muss man haben! Jetzt! Sofort! Unbedingt! Die Uhr mit doppelter Magnetfeldsicherung. Den Pullover aus den Haaren tibetanischer Jungziegen. Den Designersessel mit siebenfacher Massagefunktion. Das Gartenthermometer aus gehämmertem U-Boot-Stahl. Den genialen Sushi-Maker für Hosomaki und Futomaki. Die streichelweiche Rindsleder-Businesstasche in feinster Täschnerqualität, viel aufwendiger verarbeitet als die üblichen Angebote, zudem standfest und deshalb von oben beladbar! Was es auch ist, man kann nicht länger darauf verzichten. Wenn man diesen Gegenstand erst einmal hat, das spürt man genau, dann ist man am Ziel seiner Wünsche, dann wendet sich alles zum Guten, dann braucht man nichts anderes mehr!

Und so zieht man los und kauft. Der Kontostand sinkt in gefährliche Tiefen, aber das Wohlbefinden steigt in sphärische Höhen. Endlich. Endlich ist man wirklich zufrieden. Die Mühen, das Geldverdienen, die Jahre der Ausbildung, das Streben nach Höherem, alles das hat sich gelohnt, denn nun hat man, was man schon immer haben wollte!

Doch seltsam. Kaum hat man den betreffenden Gegenstand zu sich nach Hause gebracht, hat er sich auch schon wie von Geisterhand verändert. Irgendwie wirkt er nun weit weniger begehrenswert als zuvor. Er ist immer noch schön, ja, aber längst nicht mehr so schön wie vor vierundzwanzig Stunden, als man ihn noch nicht in den Händen hielt. Und diese Veränderung setzt sich fort. Irgendwann, nach einigen Wochen oder Monaten, hat er dann fast völlig seine Fähigkeit verloren, einem die Freude zu bereiten, von der man erwartet hatte, sie durch ihn auf immer und ewig zu verspüren. Jetzt wirkt er sogar fast schon langweilig. Vielleicht sollte man wieder einmal in einer Zeitschrift blättern, ein wenig fernsehen oder durch die Innenstadt flanieren ...

Kommt Ihnen diese Schilderung irgendwie bekannt vor? Dann wissen Sie, wie wichtig die folgende Empfehlung für die Sicherung Ihrer Zufriedenheit ist: Achten Sie auf einen klugen Umgang mit Ihren Wünschen! Wenn Sie danach streben, auf allen Gebieten stets das Neueste, Schönste oder Beste zu haben, dann werden Sie im Leben niemals zufrieden sein. Das Ganze gliche dem Wettlauf zwischen Hase und Igel. Kaum haben Sie sich einen Wunsch erfüllt, ist der nächste schon da. Ein solches Rennen können Sie nicht gewinnen.

Lassen Sie sich also nicht mehr von jeder Eingebung, jeder Mode oder jeder Werbebotschaft sofort mitreißen, sondern handeln Sie mit Sinn und Verstand. Halten Sie Maß, besonders, wenn es um materielle Dinge geht. Die folgenden Regeln helfen Ihnen dabei!

Machen Sie sich bewusst, wie schnell das Neue seinen Reiz verliert.

Der erste Schritt besteht darin, künftig ingesamt etwas gelassener zu bleiben, wenn ein Wunsch Ihnen wieder einmal die größten Versprechungen macht. Die meisten Wünsche, die Ihnen gegenüber behaupten, den Gipfel aller Träume zu verkörpern, erweisen sich schnell auch nur wieder als ein Zwischenstopp auf der ewigen Reise zum nächsten Gipfel aller Träume. Jean de la Bruyère, Schriftsteller und Mitglied der Académie française, erkannte diesen Zusammenhang schon im siebzehnten Jahrhundert: *„Es gibt Güter, die wir leidenschaftlich begehren und deren bloße Vorstellung uns schon hinreißt und entzückt; haben wir das Glück, sie zu erlangen, so nehmen wir sie gelassener auf, als wir gedacht hätten; wir erfreuen uns kaum an ihnen und verlangen sogleich nach größeren."*

Hinterfragen Sie den Wert.

Das Gefährliche an Wünschen ist, dass sie oft überfallartig kommen. Hat man sie dann erst einmal am

Hals, wird man sie nicht mehr los. Eine geeignete Methode, um doch wieder ausreichenden Abstand zu ihnen zu gewinnen, besteht darin, einmal in Ruhe über den wahren Wert und Nutzen des betreffenden Gegenstands nachzudenken. Stellen Sie sich also die drei folgenden Fragen, wenn Sie wieder einmal die Unzufriedenheit packt, weil Sie etwas möchten, was Sie nicht haben und auch vielleicht nicht so schnell bekommen werden:

- Was bringt Ihnen dieser Gegenstand konkret an Unterstützung, Genuss oder Lebensqualität?
- Ist er wesentlich besser als das, was Sie auf diesem Gebiet längst haben?
- Was entgeht Ihnen, wenn Sie sich diesen Wunsch nicht erfüllen – wäre es ein herber Verlust oder nicht weiter der Rede wert?

Überprüfen Sie die Alternativen.

Ein guter Freund pflegt stets dieselbe Frage zu stellen, wenn ich ihm erzähle, dass ich mir etwas Bestimmtes kaufen oder leisten möchte: *„Was könntest du mit diesem Geld (oder dieser Zeit) anstelle dessen machen?“*

Eine kluge Frage! Sie führt automatisch dazu, dass man sein Vorhaben mit weit größerer Sachlichkeit als zuvor betrachtet. Und das wiederum hilft enorm, den Überblick zu behalten und sich nicht von den eigenen Emotionen den Verstand benebeln zu lassen. Also:

- Ist Ihr Vorhaben tatsächlich so gut wie gedacht?
- Welche Schwächen hat es?
- Und auf was müssen Sie an anderer Stelle verzichten, wenn Sie es verwirklichen?

Verzichten Sie auch einmal freiwillig auf etwas.

Am einfachsten und deshalb am besten ist aber die abschließende Empfehlung: Verzichten Sie auch öfter einmal auf etwas, das Sie gerne hätten und das Sie sich leisten könnten!

Absurd? Im Gegenteil. Bedenken Sie die Vorteile: Sie sparen Geld, weil Sie weniger ausgeben. Sie sparen Zeit, weil Sie sich um weniger kümmern müssen. Sie sparen Raum, weil Sie weniger unterzubringen haben. Und die so gewonnenen Freiräume und Ressourcen können Sie darüber hinaus bei Bedarf auch noch für die Dinge nutzen, die Ihnen und Ihrem Lebensgenuss wirklich etwas bringen – zum Beispiel für mehr Zeit mit Ihrer Familie, für interessante Reisen, für ein spannendes Hobby oder aber für bewusst ausgewählte Einzelstücke, die Ihnen auch auf Dauer Freude bereiten.

Betrachten Sie also den Verzicht auf etwas nicht als eine besonders perfide Form der Selbstschädigung oder Niederlage, sondern als das, was er ist – einen Beweis für Klugheit und einen Gewinn an Lebensqualität. Der französische Dichter Voltaire sagt es präzise: *„Wer seine Wünsche zähmt, ist immer reich.“*

Hören Sie auf, sich zu vergleichen!

Eine todsichere Methode zur Zerstörung der eigenen Zufriedenheit besteht darin, sich ständig mit anderen Menschen zu vergleichen. Wenn Sie damit anfangen (oder damit nicht aufhören), können Sie sich den Satz *„Ich bin unzufrieden"* gleich auf den Oberarm tätowieren lassen. Der dänische Philosoph und Theologe Søren Kierkegaard sagt es direkt: *„Das Vergleichen ist das Ende des Glücks und der Anfang der Unzufriedenheit."*

Warum? Es beginnt damit, dass man das, was man selbst besitzt oder erreicht hat, meist für absolut selbstverständlich hält. Also interessiert man sich bei Vergleichen automatisch nur für die Dinge, die ein anderer Mensch einem voraus hat: Er verdient mehr Geld! Er fährt ein größeres Auto! Er wohnt in der besseren Gegend! Er macht schneller Karriere! Er hat noch keine Glatze! Er fährt schon wieder in den Urlaub!

Es liegt auf der Hand, dass diese Gedanken die eigene Zufriedenheit nicht unbedingt fördern. Im Gegenteil: Sie führen fast immer in eine seelische Abwärtsspirale. Zuerst kommt der Wunsch, das, was der andere hat oder kann, ebenfalls zu haben oder zu können. Dann folgt die Erkenntnis, dass man dieses Ziel wohl nur mit größter Mühe oder womöglich niemals erreichen wird. Daraufhin entsteht das Gefühl, vom Schicksal (und irgendwie auch von demjenigen, dem es auf dem betreffenden Feld besser geht) auf empörende Weise ungerecht behandelt zu werden. Und dieser Eindruck löst schließlich nicht nur größte Unzufriedenheit aus, sondern darüber hinaus auch eine Empfindung, die noch weit mehr Schmerzen bereitet – blanken Neid! Der englische Philosoph, Staatsmann und Naturwissenschaftler Francis Bacon hat diesen Zusammenhang schon vor rund vierhundert Jahren diagnostiziert: *„Der Neid folgt immer dem Vergleich mit sich selbst.“*

Hören Sie also damit auf, sich und Ihre Situation mit anderen Menschen und deren Lage zu vergleichen. Denken Sie nicht immer wieder darüber nach, was jemand hat, kann oder tut, das Ihnen im Moment verwehrt ist. Erstens sind diese Vergleiche völlig nutzlos. Sie ändern nichts an Ihrer Lage und Sie erleichtern es Ihnen auch nicht, dorthin zu kommen, wohin Sie gerne möchten. Im Gegenteil, sie frustrieren Sie höchstens. Zweitens können Sie die Vergleiche auch nie gewinnen. Egal, was Sie alles geschafft haben, Sie werden immer jemanden finden, der auf bestimmten Gebieten weiter ist als Sie. Und drittens leiten die Vergleiche Sie auf eine völlig falsche Spur. Im Leben geht es nicht darum, andere zu übertrumpfen, sondern darum, seinen eigenen Weg zu gehen und seine eigenen Möglichkeiten zu erkennen und zu nutzen.

Das Einzige, wozu ein Vergleich mit einem anderen Menschen deshalb taugt, ist, ihn und seine Leistungen als positives und motivierendes Vorbild zu betrachten, nach dem Motto: *„Das schaffe ich auch!“* Jede andere Sichtweise ist absolut sinnlos.

Beenden Sie das Jammern und Klagen!

Das Positive erkennen und schätzen, das Vorhandene genießen, bei den Wünschen nicht übertreiben, bei Erwartungen und Forderungen realistisch bleiben, alles das sind also große Strategien, um die eigene Lebenszufriedenheit zu fördern und zu erhalten. Eine Empfehlung fehlt aber noch. Sie lautet: Nie mehr jammern, nie mehr klagen!

Ich kenne Menschen, die jammern den ganzen Tag. Beim Frühstück fehlt die Butter. Bei der Fahrt zur Arbeit schalten die Ampeln auf Rot. Im Büro klingelt zu oft das Telefon. In der Kantine gibt es wieder Leber. Am Nachmittag beginnt es zu regnen. Abends hat der Italiener keinen Tisch mehr. Und beim Zubettgehen ist die Kiste mit den Kondomen schon wieder leer. Und jedes Mal erklingen dabei ihre Lieblingstexte: *„Ach nein! Oje! Schon wieder!“*

Menschen mit diesem Verhalten führen kein schönes Leben. Sie treiben ihre Freunde zur Verzweiflung, ihre Kollegen in die Flucht und sich selbst in den Wahnsinn.

Die Gründe dafür leuchten ein. Wer ständig klagt, wird zur Umweltplage. Niemand erträgt die Nähe einer Person, die ständig erklärt, wie schlecht es ihr geht und wie mies die Verhältnisse sind. Ebenso groß ist der emotionale Schaden, den sich ein klagender Mensch selbst zufügt. Wer ständig mitteilt, was ihm soeben wieder Schlimmes widerfahren ist, der ruiniert auf Dauer seine Lebensqualität und Leistungsfähigkeit. Er vergiftet seine Gedanken. Er deprimiert sich. Er raubt sich die Handlungskraft. Und er verstärkt seine Probleme noch: Da er bei jeder seiner Klagen automatisch nach Bestätigung für seine Sicht der Dinge sucht, gerät er immer tiefer in die Misere. Negatives saugt er auf wie ein Schwamm, Positives übersieht er geflissentlich. Damit aber redet er genau das herbei, was er eigentlich vermeiden möchte – und hat nun erst recht Grund zum Jammern. Ein Teufelskreis.

Beschließen Sie Ihr persönliches Anti-Jammer-Manifest!

Kaum etwas kostet also mehr Kraft und bringt weniger Erfolg als das Absingen von Klageliedern und Leidensarien. Treffen Sie deshalb die Entscheidung, das Klagen und Jammern ab heute zu beenden.

Machen Sie sich als Erstes bewusst, dass Jammern und Klagen Ihnen nicht weiterhilft. Es macht ein unwillkommenes Ereignis nicht ungeschehen. Es liefert keinen Beitrag zur Problemlösung. Und es ist auch kein Ventil, um den emotionalen Druck zu mindern. Im Gegenteil: Es steigert und verfestigt ihn höchstens noch.

Gewöhnen Sie sich als Zweites eine neue Routine an. Stoppen Sie sich sofort, wenn Ihnen das nächste Mal ein Negativkommentar auf der Zunge liegt. Sprechen Sie ihn nicht aus. Gehen Sie stattdessen auf die positiven Elemente des Geschehens ein. Sagen Sie Ihrem Partner, was momentan gut läuft, welche Chancen es gibt und was Sie gemeinsam noch weiter verbessern können. Die Dinge, die möglicherweise nicht funktionieren, können Sie bei Bedarf später immer noch in Ruhe ansprechen. Am meisten profitieren Sie selbst von dieser Vorgehensweise. Sie befreien Ihre Gedanken. Sie motivieren sich. Und Sie bewirken, dass Ihr Partner weiterhin gerne mit Ihnen zusammen ist und zusammenarbeitet.

Beschließen Sie drittens, sich insgesamt von den Themen und Texten zu trennen, die nichts anderes als Wehklagen darstellen und mit denen Sie sich bei anderen höchstens lächerlich machen. Erzählen Sie also nie wieder, welche Lasten Sie zu schleppen haben, welche Hindernisse vor Ihnen liegen, wie schlecht der Tag begonnen hat, wie unfähig Ihre Mitmenschen sind, dass Ihr Chef kein Verständnis für Sie aufbringt, dass früher alles besser war und dass Sie gestern Nacht wegen des Vollmonds wieder kein Auge zugemacht haben.

Wenn Sie schon mit jemandem über Ihre Probleme sprechen möchten, dann lamentieren Sie nicht, sondern konzentrieren Sie sich auf die Lösungen. Wen Sie mit Selbstmitleid belästigen, der will Sie loswerden. Wen Sie um Rat bitten, der möchte Ihnen helfen. Und je mehr Hilfe Sie erhalten, desto schneller verbessert sich dann auch wieder Ihre Stimmung!

Und wenn nun aber gar nichts hilft ...

Sollten Sie sich trotz dieser Empfehlungen nicht dazu durchringen können, mit dem Jammern und Klagen aufzuhören, dann drehen Sie den Spieß wenigstens um! Betreiben Sie es in diesem Falle so professionell, umfassend und systematisch wie nur möglich!

Am besten entwickeln Sie dafür Ihren persönlichen Jammerplan. Er hilft Ihnen, es auf diesem Gebiet zu wahrer Meisterschaft zu bringen. Seine Fragen lauten: a) Worüber möchten Sie auch in Zukunft immer wieder jammern? b) Wie oft am Tag? c) Um welche Uhrzeit? d) Bei wem?

Halt, Sie glauben, das meine ich nicht ganz ernst, sondern humorvoll? Jawohl, Sie haben recht! Ein solcher Jammerplan wäre natürlich das Gegenteil von allem, worüber wir hier sprechen. In einem Punkt ist der Gedanke an einen persönlichen Jammerplan aber eben doch eine Hilfe – er beseitigt wohl auch die letzten Zweifel daran, wie unsinnig es ist, weiterhin den „Jeremias Jammermeier" zu spielen. Also, Schluss mit dieser Rolle für alle Zeiten!

Mehr Gelassenheit

5. Bereiten Sie dem Stress ein Ende!

Kaum ein anderer Faktor gefährdet das eigene Befinden und die eigene Erfolgsfähigkeit so sehr wie Stress! Nimmt man nur die *Duden*-Definition, so klingt alles noch vergleichsweise harmlos. Demnach ist Stress eine *„den Körper belastende, stärkere Leistungsanforderung“*. Die Lebenspraxis aber zeigt, worum es wirklich geht – es ist das Gefühl von Hetze und Hektik, von Druck und Überforderung, von Unfreiheit und Unzufriedenheit!

Genau hier aber liegt das Hauptproblem: Für viele Menschen ist Stress längst zur Dauereinrichtung geworden. Was sie auch tun, sie tun es im Laufschritt, mit der Faust im Nacken, mit Blei auf den Schultern und einem nervösen Gefühl im Magen.

Natürlich gibt es Gründe. Zum einen ist der Satz *„Das Berufsleben wird härter“* alles andere als eine Floskel. Die Internationalisierung, die Austauschbarkeit von Produkten, die Innovationsgeschwindigkeit, die Kundenansprüche und (als Folge davon) der Wettbewerbsdruck haben massiv zugenommen. Dass alles das Folgen für den eigenen Arbeitsstil und Arbeitsrhythmus hat, liegt auf der Hand. Früher gab es ab und zu einmal raue See, jetzt ist Sturmsegeln die reine Normalität.

Zum anderen ist aber auch im Privatleben die Komplexität spürbar größer geworden. Nehmen Sie als Beispiel die Grundschwierigkeit, zusätzlich zum Berufsleben überhaupt noch genügend Zeit und Kraft für eine glückliche private Beziehung zu finden. Oder betrachten Sie die Lage junger Mütter, die Kind und Karriere in Einklang bringen möchten. Oder aber blicken Sie einfach einmal auf die Kinder selbst! Früher gab es nach der Schule Hausaufgaben und Spielen. Jetzt gibt es Hausaufgaben, Nachhilfe, Klavierunterricht, Ballett- oder Tennisstunden und dann noch irgendeine Fremdsprache extra. (Und vielleicht anschließend das Spielen.)

Machen Sie sich klar, was Stress Sie kostet

Ein Hauptproblem von Stress ist, dass er automatisch immer neuen Stress produziert. Wer also einmal in die Stressfalle gerät, der kommt ohne die geeigneten Gegenmethoden nicht so schnell wieder aus ihr heraus. Die Folgen davon sind ebenso unangenehm wie vertraut. Deshalb hier nur einige Stichworte.

Mit Stress dauert alles länger. Wer sich von Stress überwältigen lässt, mutiert entweder zum nervösen Hektiker oder zum erschöpften Nervenbündel. Je größer der Stress wird, desto geringer wird deshalb auch das Realisierungsvermögen. Was man mit Gelassenheit auf Anhieb erledigt, gelingt einem bei Stress erst im dritten oder vierten Anlauf. Wenn überhaupt. Würde man in Unternehmen messen, was aufgrund von Stress an Zeit und Geld verloren geht, man käme auf enorme Beträge.

Stress führt zu Fehlern. Stress reduziert die eigene Wahrnehmungsfähigkeit und Urteilskraft. Wer unter Stress handelt, handelt fast immer überstürzt und unüberlegt. Die Folge sind Missgriffe, Fehler oder Unfälle. Nicht ohne Grund lautet in schwierigen oder gefährlichen Situationen die oberste Expertenregel: *„Keine Panik, Ruhe bewahren!"*

Stress belastet Beziehungen. Ein gestresster Mensch neigt dazu, die Umwelt für sein Befinden büßen zu lassen. Die Zusammenarbeit und das Zusammensein mit ihm sind eine Qual: Er ist ständig auf der Suche nach Schuldigen. Er bombardiert andere mit seinen Klagen und Vorwürfen, er empfindet einen guten Rat als unangenehme Belehrung und eine freundliche Unterstützung als zusätzliche Belastung.

Stress macht krank. Am schlimmsten ist die Langzeitwirkung von Stress. Erst kommt die Erschöpfung, dann die Verzweiflung und zum Schluss der Zusammenbruch. Kein schöner Dreiklang.

Sagen Sie dem Stress ade!

Es wird also höchste Zeit, die Weichen neu zu stellen und das eigene Leben mit weniger Stress und mehr Leichtigkeit zu führen!

Machen Sie den klugen und gekonnten Umgang mit Stress deshalb zu einem Ihrer Hauptthemen. Natürlich werden Sie dabei auch in Zukunft immer wieder in Situationen kommen, in denen Ihr Arbeitsvolumen Ihre Ressourcen zu sprengen droht oder in denen bestimmte Probleme fast übermächtig erscheinen. Mit der richtigen Einstellung und Verhaltensweise lässt sich aber die Stresswirkung auch in diesen Belastungsphasen nachhaltig reduzieren. Und noch mehr. Bei genauer Betrachtung zeigt sich fast immer, dass ein großer Teil der Hetze und Hektik und des Drucks nicht als Schicksalsschlag von außen kommt, sondern hausgemacht ist. Ein wenig mehr geistige Disziplin, Umsicht und Gelassenheit, und man könnte den Stress ohne Weiteres vermeiden.

Nutzen Sie deshalb die folgenden *Anti-Stress-Formeln,* um künftig stressfrei(er) zu leben und zu arbeiten. Sie zeigen Ihnen erstens, was Sie präventiv tun können, um Stress gar nicht erst entstehen zu lassen. Und Sie helfen Ihnen zweitens, ihn so klein wie möglich zu halten, wenn er doch wieder einmal von Ihnen Besitz ergreifen möchte!

Anti-Stress-Formel Nr. 1: Machen Sie sich den Nutzen Ihrer Arbeit bewusst

Bestimmt haben Sie diese Erfahrung auch schon gemacht: Selbst die kleinste Arbeit kann in Stress ausarten, wenn man sie als sinnlos und überflüssig empfindet.

Und umgekehrt gelingen selbst die vermeintlich mühevollsten Aufgaben mit Schwung und Freude, wenn man überzeugt ist, dass sie einem selbst großen Nutzen bieten. Der römische Dichter Ovid beschrieb diesen Zusammenhang schon vor rund zweitausend Jahren: *„Etwas gerne tun macht jede Last leichter."*

Die erste Präventivregel gegen Stress lautet deshalb: Achten Sie gerade bei anspruchsvollen und zeitintensiven Arbeiten darauf, was Sie selbst davon haben. Konzentrieren Sie sich also nicht nur auf den Aufwand, sondern immer auch auf den Ertrag. Je deutlicher Sie sich den Wert und Nutzen Ihrer Tätigkeit vor Augen führen, desto höher sind Ihre Motivation und Energie und desto geringer Ihr Belastungsgefühl. Hier sind die Fragen, die Ihnen dabei helfen:

- Was werden Sie alles gewonnen haben, wenn die betreffende Arbeit hinter Ihnen liegt?
- Welche Ziele haben Sie dann erreicht? Welche Probleme haben Sie gelöst?
- Und umgekehrt: in welche Negativsituation würden Sie kommen, wenn Sie diese Aufgabe nicht erfüllen?

Anti-Stress-Formel Nr. 2: Konzentrieren Sie sich auf den Teil des Weges, der vor Ihnen liegt

Eine Supermethode, sich seinen Stress selbst zu machen, besteht darin, sich sämtliche Ziele, Aufgaben und

Arbeiten der nächsten Tage, Wochen und Monate auf einmal vor Augen zu halten. *„Wenn ich mir meinen Terminkalender für das nächste halbe Jahr ansehe, könnte ich heulen."* Stimmt. Jeder, der so etwas macht, bricht in Tränen aus.

Verzichten Sie also darauf, ständig über das gesamte Arbeitsvolumen nachzudenken, das in nächster Zeit vor Ihnen liegt. Es wäre etwa so, als würden Sie sich das Frühstück, den Pausensnack, das Mittagessen, den Nachmittagskuchen, das Abendessen und die Fernsehknabbereien einer Woche alle auf einmal auf Ihren Teller packen. Es wäre ein Anblick, bei dem Ihnen der Appetit schnell vergehen würde.

Teilen Sie Ihre Aufgaben und Aktivitäten stattdessen in überschaubare Portionen ein. Konzentrieren Sie sich auf den Abschnitt des Weges, der aktuell vor Ihnen liegt. Denken Sie nicht an den fünften oder sechsten Schritt, wenn Sie den ersten noch nicht gemacht haben. Was Sie überblicken können, das können Sie auch verkraften!

Anti-Stress-Formel Nr. 3: Schaffen Sie ein entspannendes Umfeld

Die meisten Menschen unterschätzen massiv, wie groß der Einfluss ihres (Arbeits-)Umfeldes auf ihre Stimmung und damit auf ihre Leistungsfähigkeit und Stressresistenz ist! Achten Sie deshalb weit mehr als bisher auf Ihre Umgebung. Gestalten Sie Ihr Umfeld so, dass es Sie motiviert und voranbringt, anstatt Ihnen die Arbeit zu erschweren und Sie damit noch mehr unter Stress zu setzen.

Mehr Ordnung.

Unordnung und Durcheinander sind Geschwister des Chaos. Unordnung raubt den Überblick, macht konfus und kostet Zeit. Wenn Sie beispielsweise vor einem beruflichen Treffen erst eine halbe Stunde nach einer wichtigen Information oder Unterlage suchen müssen, dann haben Sie anschließend nicht nur diese dreißig Minuten verloren, sondern auch Ihre gesamte Energie.

Im Privatleben gilt natürlich genau das Gleiche. Ich möchte nicht wissen, wie viele Menschen täglich in halsbrecherischer Autofahrt zum Flughafen rasen, um noch ihren Ferienflieger zu kriegen, weil sie zuvor stundenlang voller Verzweiflung ihre Reispässe gesucht haben, die sie irgendwann irgendwo „an einem sicheren Ort“ untergebracht hatten, an dem „kein Fremder sie finden kann“. Sie selbst aber eben auch nicht mehr!

Mehr Licht.

Der Zusammenhang zwischen Beleuchtung, Stimmung und Leistungsfähigkeit ist längst bekannt. Deshalb gilt sowohl im Büro als auch zu Hause: keine kalten Neonröhren wie in bulgarischen Busbahnhöfen. Keine Düsterbeleuchtung wie am Einstieg zu Graf Draculas Gruft. Keine 20-Watt-Birnen in der Schreibtischlampe, bei denen auch ein Mensch mit Eulenaugen nichts mehr lesen könnte. Alles das macht Sie müde, strengt Sie an und erschöpft Sie – und erhöht damit Ihren Stress!

(Umgehrt gilt übrigens das Gleiche: Wissenschaftliche Studien haben belegt, dass es in einem wirklich dunklen Zimmer weit einfacher ist, schnellen und tiefen Schlaf zu finden, als in einem Raum, in dem von außen noch irgendwo ein wenig Licht durchschimmert. Sollten Sie also regelmäßig auf Reisen sein, dann besorgen Sie sich eine Schlafbrille [es sieht Sie ja niemand damit]. Es gibt Hotels, die eine Außenbeleuchtung haben, mit der man eine deutsche Kleinstadt in gleißendes Licht tauchen könnte, und gleichzeitig Gardinen, deren Stärke und Stoffdichte an feinste Ziertaschentücher erinnert.)

Mehr Ruhe.

Klar, es gibt Menschen, die bei Heavy-Metal-Musik oder mitten auf der Haupttribüne eines voll besetzten Fußballstadions geistige Höchstleistungen vollbringen können. Viele sind es aber nicht. Achten Sie deshalb immer auf Ruhe und Abschirmung, besonders wenn Sie Ihre Arbeitsergebnisse unter Zeitdruck erbringen müssen. Und versuchen Sie gleichzeitig, sich entschlossener als bisher vor Störungen zu schützen. In einer halben Stunde ungestörten Arbeitens kommen Sie weiter voran als an einem Tag voller Unterbrechungen. Denken Sie also daran: Sie müssen nicht immer und überall für andere erreichbar sein – auch nicht per E-Mail!

Anti-Stress-Formel Nr. 4: Befreien Sie sich von Ballast

Wann sind Sie eigentlich das letzte Mal umgezogen? Warum diese Frage? Nun, ein Umzug ist ein echter Augenöffner, und zwar einer, der kein Erbarmen kennt. Er zeigt einem schlagartig und schonungslos, was man im Laufe der Jahre alles an überflüssigen und unnützen Gegenständen gekauft, gehortet und mit sich herumgeschleppt hat. Und alles das soll man nun ausräumen, einpacken, transportieren, auspacken und wieder einräumen. Man könnte verrückt werden!

Damit aber sind wir bereits bei der nächsten Empfehlung: Entrümpeln Sie Ihr Leben! Beenden Sie die Herrschaft des Überflüssigen! Befreien Sie Ihr Umfeld und damit sich selbst von allen Gegenständen, die Sie nicht brauchen, nicht mögen und nicht benutzen – und die Ihnen damit nichts anderes einbringen als zusätzlichen Stress! Die folgenden Regeln helfen Ihnen dabei.

Den Nutzen sehen.

Überflüssige Gegenstände sind ein finanzieller, zeitlicher, räumlicher und seelischer Stress- und Kostenfaktor, sonst nichts. Sie benötigen Raum. Sie erfordern

Pflege. Sie schaffen ein Durcheinander. Sie lenken ab. Sie machen nervös. Sie verstellen den Blick auf die wichtigen Dinge. Genügend Argumente, sie endlich loszuwerden!

Kriterien festlegen.

Ein Gegenstand sollte nur dann ein Bleiberecht bei Ihnen haben, wenn er eines von drei Kriterien erfüllt: a) Er dient einer sachlichen Aufgabe. b) Er ist ein Symbol für etwas, das Ihnen wichtig ist. c) Er hat einen ästhetischen Wert. Für alles andere gilt: So schnell wie möglich verschenken, verkaufen, entsorgen!

Standhaft bleiben.

Sich von Gegenständen zu trennen ist auch deshalb so schwierig, weil die Objekte plötzlich zum Leben erwachen und mit größter Eloquenz erklären, warum man sie behalten sollte. Das Sakko sagt voraus, es käme in zehn Jahren wieder in Mode. Der Beistelltisch behauptet, so etwas wie ihn könne man immer brauchen. Die Lampe rechnet vor, wie teuer sie war. Und die Vase erinnert daran, dass sie von Herzen kam. Lassen Sie sich bloß nicht erweichen! Was Sie einmal wieder an seinen alten Platz zurückstellen, das verharrt dort bis zum Sankt-Nimmerleins-Tag.

Geheimhaltung.

Besonders wichtig! Erzählen Sie niemandem, was Sie tun werden. Erst recht nicht Ihrem Lebenspartner. Ein Satz reicht, und Sie stehen jemandem gegenüber, der fanatisch um den Verbleib von Gegenständen kämpft, von denen er kurz zuvor gar nicht wusste, dass sie überhaupt noch da sind. Handeln Sie also immer geheim. Wenn Ihr Partner dann irgendwann einmal in ferner Zukunft fragt, wo der alte Kaffeekocher geblieben ist, dann spielen Sie einfach den Ahnungslosen: *„Weiß ich doch nicht, wie sah der denn aus?“*

Nachhaltigkeit.

Die gewonnene Freiheit bringt Ihnen wenig, wenn Sie nicht auch Ihr Einkaufsverhalten ändern. Wenn Sie künftig nach dem Grundsatz *„Weniger ist mehr“* handeln, dann sind Sie genau auf dem richtigen Weg. (Falls Ihnen diese Zurückhaltung schwerfällt, dann lesen Sie das Buchkapitel „Weniger Wünsche“ besonders aufmerksam!)

Anti-Stress-Formel Nr. 5: Erledigen Sie zügiger, was Ihnen unangenehm ist

Kaum etwas erzeugt mehr Stress als Arbeiten, die einem unangenehm sind und die man dann auch noch vor sich herschiebt! Beispiele gibt es wie Sand am Meer: ein Telefonat mit einem unsympathischen Partner. Eine störende Arbeit, die nicht in die Planung passt. Die Auseinandersetzung mit einem Thema, das lästig ist oder gar Befürchtungen auslöst. Und so weiter.

Was es auch ist – je länger Sie mit einer für Sie unangenehmen Arbeit warten, desto schwerer machen Sie sich das Leben. Zum einen geben Sie Ihrer inneren Abneigung Zeit zu wachsen. Das gefühlte Gewicht der betreffenden Angelegenheit nimmt ständig zu. Am Morgen liegt noch ein Stein im Weg, am Abend schon ein Felsstück. Nach ein paar Tagen sieht man die Eiger-Nordwand vor sich aufragen. Zum anderen steigen die eigene Unruhe und Ablenkung immer weiter an. Die Gedanken treiben immer stärker in Richtung der Tätigkeit, die man mit allen Mitteln zu umgehen sucht und der man doch nicht ausweichen kann. Irgendwann ist die Besetztheit dann so groß, dass man auch mit seinen anderen Arbeiten nicht mehr vorankommt.

Erledigen Sie unangenehme Aufgaben deshalb so schnell und frühzeitig wie möglich! Zögern und zaudern Sie nicht. Vermeiden Sie Verdrängungsversuche, Ausflüchte und Ersatzbeschäftigungen. Die Angelegenheit löst sich dadurch ja nicht in Luft auf! Gehen Sie vielmehr zügig an das heran, was Sie belastet. Schaffen Sie es aus der Welt und aus Ihrem Gehirn.

Und sollte es Ihnen einmal wirklich schwerfallen, sich zu überwinden, dann denken Sie daran, was Sie alles gewinnen: Sie beenden den Stress. Sie bekommen den Kopf frei für Ihre anderen Aufgaben. Und Sie schenken sich insgesamt ein völlig neues Lebensgefühl. Kaum etwas liefert so viel Zufriedenheit und Selbstvertrauen wie das schnelle Überspringen einer Hürde, die man zuvor als ein fast unüberwindliches Hindernis betrachtet hat!

Anti-Stress-Formel Nr. 6: Sorgen Sie für eine bessere Zeitplanung und Arbeitstechnik

Ein Schlüsselthema für weniger Stress und mehr Entspannung ist der kluge und gekonnte Umgang mit der eigenen Zeit. Gerade auf dem Feld der Zeitplanung gibt es eine Vielzahl von Verhaltensregeln, um Hetze und Hektik gar nicht erst entstehen zu lassen. Hier sind die wichtigsten:

Klare Vorstellungen.

Verschaffen Sie sich von Anfang an eine klare Vorstellung davon, wie viel Zeit und Mühe Sie eine bestimmte Aufgabe oder Tätigkeit kosten wird. Machen Sie keine voreiligen Ergebnis- oder Terminzusagen (auch nicht sich selbst gegenüber!), wenn Sie das Volumen oder den Schwierigkeitsgrad nicht richtig abschätzen können. Im Augenblick mag Ihnen eine unbedachte Zusage vielleicht Beifall einbringen. Je näher aber der Erfüllungstermin rückt, desto größer werden der Ärger und der Stress, die Sie sich damit an den Hals holen.

Größere Reserven.

Halten Sie sich an die Erfahrung, dass man für wichtige Arbeiten grundsätzlich mehr Zeit benötigt als erwartet. Zudem erreicht die Zahl der unvorhergesehenen Ereignisse üblicherweise exakt an dem Tag Spitzenwerte, den man sich als Abschlusstag für die Erledigung der betreffenden Aufgabe reserviert hat. Planen Sie deshalb gerade bei umfangreichen Projekten immer ausreichende zeitliche Reserven ein. Reserven sind ein Hauptmittel gegen Stress!

Energischer Start.

Je langsamer Sie am Anfang starten, desto schneller werden Sie am Ende rennen müssen. Handeln Sie deshalb beim Beginn einer Arbeit stets nach dem Motto „Volle Kraft voraus". Nehmen Sie weniger Anlauf. Trödeln Sie nicht herum. Bleiben Sie konzentriert. Lassen Sie sich nicht ablenken.

Vollständige Erledigung.

Nehmen Sie eine Arbeit nach Möglichkeit nur einmal in die Hand. Bringen Sie zum Abschluss, womit Sie begonnen haben. Verschieben Sie den letzten Schritt und Handgriff nicht auf später, nur weil Sie keine Lust mehr haben oder schon an die nächste Aufgabe denken. Jede Neuaufnahme der Arbeit kostet Sie zusätzliche Mühe und Anlaufzeit. Und nur eine wirklich abgeschlossene Arbeit liefert Ihnen Zufriedenheit und innere Ruhe!

Just do it!

Erinnern Sie sich an die Realisierungsgeschwindigkeit, die Sie üblicherweise am letzten Arbeitstag vor Ihrem Urlaub entwickeln? Es ist erstaunlich. An diesem einen Tag werden Aufgaben, die sonst Stunden kosten, innerhalb weniger Minuten erledigt. Übertragen Sie diese Entschluss- und Tatkraft auch auf Ihr Verhalten an den normalen Arbeitstagen. *„Weniger Hemmungen, mehr Rasanz“*, so lautet das Motto!

Kein russisches Roulette.

Auch wenn man es nicht glauben will: Es gibt tatsächlich Menschen, die zu einer für sie lebenswichtigen beruflichen Besprechung reisen und dabei einen so knappen Zeitplan wählen, dass bereits die kleinste Verzögerung ausreicht, um alles zusammenbrechen zu lassen. Wenn dieser Fall dann eintritt, lässt sich ihre Situation und Gefühlslage mit dem Wort „Stress“ nur höchst unvollkommen beschreiben.

Ein Beispiel dazu habe ich einmal auf der Zugstrecke von Mainz nach München miterlebt (Sie haben vielleicht schon bemerkt, dass mein Beruf mich zu einem treuen Bahnfahrer und Vielflieger gemacht hat). Der Umsteigebahnhof ist Mannheim und die Umsteigezeit dort beträgt (nach aktuellem Fahrplan) zwölf Minuten. Unser IC von Mainz blieb nun aber wegen Bauarbeiten fast eine halbe Stunde mitten auf der Strecke stehen, sodass die Durchsage *„In Mannheim kann der ICE nach München leider nicht warten“* leider ebenfalls nicht lange auf sich warten ließ.

Während die meisten Mitreisenden mit einem genervten Kopfschütteln reagierten, sprang ein Mann wie von der Tarantel gestochen auf und jagte, seine Fahrkarte wie einen Dolch vor sich hergestreckt, auf einen zufällig vorbeikommenden Schaffner zu: *„Hier, Sie haben einen Vertrag mit mir!“* Der Schaffner war verblüfft: *„Ich habe einen Vertrag mit Ihnen?“* Der Reisende, inzwischen hochrot angelaufen, schrie es fast: *„Ja, ich habe hier eine Fahrkarte der Deutschen Bahn und da steht drauf, dass wir pünktlich in Mannheim ankommen. Und Sie vertreten doch hier die Deutsche Bahn. Sie haben also einen Vertrag mit mir.“* Der Schaffner versuchte den drängenden Fahrgast durch einige Schritte rückwärts auf Distanz zu halten und ihn gleichzeitig zu beschwichtigen: *„Ja, und was soll ich jetzt tun?“* Der Fahrgast rückte jeden Zentimeter nach, den der Schaffner freigab, und zischte ihm nun mitten ins Gesicht: *„Sie sollen mir unterschreiben, dass wir zu spät nach Mannheim kommen und dass ich meinen Zug nach München verpasse. Ich habe einen extrem wichtigen Termin in München, den kann ich jetzt vergessen. Und ich werde Sie und die Bahn deshalb verkla-*

gen, auf Schadensersatz, da können Sie sicher sein!" Der bemitleidenswerte Schaffner kritzelte (wohl auch aus Furcht um Leib und Leben) tatsächlich etwas aufs Papier und trat dann die Flucht an. Der wütende Passagier raffte seinen Mantel und seine Aktentasche zusammen und verschwand in der Gegenrichtung. Später brachte uns der inzwischen völlig aufgelöste Schaffner auf den neuesten Stand der Entwicklung: *„Jetzt tigert dieser Typ durch die anderen Abteile und macht mir dort die Leute wild."*

So schauerlich dieses Schauspiel war, so lehrreich ist es auch: Verzichten Sie auf Hasardspiele dieser Art. Fahren oder reisen Sie zu wichtigen Terminen immer so, dass Ihnen ein „Plan B" zur Verfügung steht: eine zusätzliche Zugverbindung, ein weiterer Flieger, eine Ausweichroute auf der Straße. Alles andere wäre eine moderne Form des russischen Roulettes.

Anti-Stress-Formel Nr. 7: Entwickeln Sie ein Sofortprogramm

Die meisten der bisher genannten Empfehlungen dienen der präventiven Vermeidung von Stress. Lassen Sie uns nun sehen, mit welchen Sofortmaßnahmen Sie den Stress mindern können, wenn Sie doch wieder einmal mittendrin stecken!

Widerstehen Sie den Anfängen.

Achten Sie bewusst auf Ihre Stimmung und Ihr Verhalten, anstatt sich einfach von Ihren Gefühlen davonreißen zu lassen. Halten Sie inne, wenn Sie merken, dass Unruhe, Nervosität oder Druck Sie zu überwältigen beginnen. Sagen Sie sich selbst ganz deutlich, dass es Ihnen nichts bringt, nun in Hektik zu geraten. Überlegen Sie gleichzeitig in Ruhe, welche nächsten Schritte Sie im Augenblick am besten voranbringen würden.

Schaukeln Sie sich nicht hoch.

Betreiben Sie keine negative Autosuggestion. Reden Sie sich nicht selbst ein, dass gerade alles zusammenbricht und dass keine Chancen auf Besserung bestehen. Der alte Satz *„Abwarten und Tee trinken"* klingt verstaubt, trifft es aber genau. Fast immer ist die Lage weit weniger dramatisch, als sie sich im ersten Moment darstellt. Und meist tauchen Lösungen genau dann auf, wenn man sie am wenigsten erwartet.

Entkomplizieren Sie die Kommunikation.

Rufen Sie einen Partner an, anstatt ihm einen komplexen Sachverhalt per E-Mail oder gar per Brief zu schildern. Es geht viel schneller, Sie erhalten sofort eine Antwort und Sie gewinnen eine Vielzahl zusätzlicher Informationen.

Das Gleiche gilt natürlich auch für jede andere Art von Arbeit. Wenn Sie in Stresssituationen auf Perfektionismus und so etwas wie dem offiziellen Dienstweg bestehen, dann ist Ihr Nervenzusammenbruch programmiert.

Lenken Sie alle Kräfte auf die Hauptaufgabe.

Meist entsteht Stress durch das gleichzeitige Auftreten einer Hauptaufgabe und einer Vielzahl von Nebenaufgaben. Schieben Sie alles von sich, was Sie von der Hauptaufgabe abhält. Lenken Sie Ihre Ressourcen auf das, was wirklich Priorität hat. Wenn das erledigt ist, schaffen Sie die anderen Arbeiten anschließend doppelt so schnell.

Überprüfen Sie die Aufgabenstellung.

Analysieren Sie, ob die Aufgabe tatsächlich so erfüllt werden muss, wie Sie glauben. Oft legt man sich selbst die Messlatte weit höher als von anderen erwartet oder gefordert. Also:

- Müssen Sie die Arbeit wirklich in diesem Umfang und in dieser Tiefe erledigen?
- Gibt es ein Element, das Sie streichen oder nachliefern können?

- Existiert eine Zwischenlösung, die Ihnen Luft verschaffen und den Stress mindern würde?

Überprüfen Sie den Abgabetermin.

Auch in diesem Zusammenhang gilt: Mehr Mut! Rufen Sie den Empfänger der Leistung an, wenn Sie sehen, dass Sie die Arbeit kaum bis zum geplanten Zeitpunkt schaffen können. Fragen Sie ihn auf liebenswürdige Weise, ob es eine Ausweichmöglichkeit gibt. Es ist erstaunlich, wie viele vermeintlich „zwingende Termine" sich in Wahrheit ohne große Mühe verschieben lassen: Ihr Partner kennt eine derartige Situation und hat Verständnis für Sie. Oder die Angelegenheit erweist sich als doch nicht so dringlich. Oder aber Ihr Partner steht selbst so sehr unter Druck, dass er ganz froh ist, sich erst später um Ihr gemeinsames Projekt kümmern zu müssen.

Lassen Sie sich helfen.

Sie können nicht alles selbst machen und Sie müssen auch nicht alles selbst machen. Holen Sie sich also Unterstützung, anstatt Ihre Unabhängigkeit beweisen oder das Rad neu erfinden zu wollen. Stellen Sie sich die folgenden Fragen, wenn der Arbeits- und Zeitdruck zu groß wird:

- Wer könnte Ihnen helfen – mit einer Information, mit einem Rat oder mit der Übernahme einer bestimmten Aufgabe?
- Wer hat ein ähnliches Problem wie das, das Sie gerade beschäftigt, bereits erfolgreich gelöst?
- Wie können Sie sich später bei der betreffenden Person bedanken? Was können Sie für sie tun?

Machen Sie mehr Pausen.

Ein Hauptmerkmal von Stress ist, dass er zur seelischen und körperlichen Erschöpfung führt. Umso wichtiger ist es, gerade in Drucksituationen konsequent auf ausreichende Regeneration zu achten. Machen Sie also regelmäßig Pausen, anstatt bis zum Zusammenbruch durchzuarbeiten. Essen Sie eine Kleinigkeit. Stärken Sie sich. Sie sind kein Roboter. Betrachten Sie es einfach so: Pausen sind die Brücken zwischen Taten!

Denken Sie an den nächsten Tag.

Achten Sie gerade zu später Stunde darauf, die Arbeit nicht zu übertreiben. Oft ist man in Stresssituationen so aufgedreht, dass man bis spät in die Nacht hinein am Schreibtisch sitzt und dabei auch gut vorankommt. Übertreiben Sie es aber nicht! Die eine Stunde mehr am Abend bringt Ihnen wenig, wenn Sie anschließend vor innerer Unruhe keinen Schlaf mehr finden und den gesamten Folgetag nur noch wie ein Zombie durch die Gegend rennen.

Anti-Stress-Formel Nr. 8: Vermeiden Sie Streit!

Zwei Empfehlungen für das Verhalten in Stresssituationen sind so wichtig, dass sie als Abschluss besonders herausgestellt werden sollten. Die erste lautet: Vermeiden Sie alles, was zu Streit führen könnte!

Im Einzelnen: Wenn etwas Streit auslösen und verstärken kann, dann ist es Stress. Stress erschöpft, zerstört die Toleranz und macht nervös. Die Folge ist eine enorme Gereiztheit. Wehe, jemand wagt ein Widerwort! Wehe, jemand eilt nicht sofort zu Hilfe! Wehe, jemand begeht einen kleinen Fehler! Was in normalen Zeiten gar nicht zur Kenntnis genommen würde, führt unter Stress zu Zorn, Vorwürfen und Auseinandersetzungen. Und alles das wiederum lässt den Stress noch weiter in die Höhe schnellen.

Achten Sie deshalb gerade in Stresssituationen auf Ihr Verhalten gegenüber anderen Menschen. Tun Sie nichts, was Sie in die eben beschriebene Streitspirale geraten lässt. Machen Sie Ihrem Partner also keine überflüssigen Vorwürfe. Kritisieren Sie ihn nicht unnötig. Hetzen Sie ihn nicht. Schreien Sie ihn nicht an. Lassen Sie ihn nicht für Ihre eigene Situation büßen. Je mehr Sie ihn unter Druck setzen, desto weniger ist er in der Lage, Sie zu unterstützen und Sie auf diese Weise vom Stress zu befreien.

Verhalten Sie sich stattdessen ruhig, höflich und großzügig. Treten Sie nicht als Wrack im Sturm, sondern als Fels in der Brandung auf!

Anti-Stress-Formel Nr. 9: Mehr Humor!

Und die zweite Regel lautet: Bewahren Sie sich Ihre Heiterkeit! Heiterkeit ist ein Energielieferant erster Ordnung; sie reduziert Stress in Sekunden!

Versuchen Sie deshalb gerade in Stresssituationen, eine fröhliche und offene Atmosphäre zu schaffen. Nehmen Sie das Geschehen weniger ernst. Nehmen Sie sich selbst weniger ernst. Blicken Sie nicht grimmig und verbissen. Lächeln Sie häufiger. Stärken Sie den Optimismus Ihres Partners. Kommentieren Sie die Lage also nicht mit den Mitteln und Formulierungen eines Kriegsberichterstatters, sondern mit denen eines humorvollen Zeitgenossen. Halten Sie sich an die über zweitausend Jahre alte Regel des griechischen Philosophen Demokrit: *„Heiter machen heilt!“*

6. Zügeln Sie Ihren Perfektionismus

Perfektionisten sind eine bedauernswerte Spezies. Sie können noch so viel leisten, glücklich werden sie dabei nie. Auf ein Kompliment wie *„sehr gut gemacht"* heben sie höchstens kurz den Kopf und antworten *„ich muss noch …"*. Wenn Perfektionisten einen Schutzpatron hätten, dann wäre es wahrscheinlich Sisyphus. Im Gegensatz zu ihm erreichen sie zwar den Gipfel, betrachten diesen dann aber anschließend als zu niedrig oder den mitgeschleppten Stein als zu leicht. *„Sofort weiter, das reicht noch nicht"*, so lautet ihr einziger Gedanke.

Kurz gesagt: Perfektionismus ist keine Tugend, sondern eine der wirkungsvollsten Methoden, sich das Leben selbst schwerzumachen und sich seine Gelassenheit zu rauben. Unsere nächste Empfehlung für mehr Leichtigkeit und Entspannung im Leben lautet daher: Zügeln Sie Ihren Perfektionismus!

Perfektionismus kostet Sie mehr, als er Ihnen bringt.

Zwischen Professionalität und Perfektionismus existiert ein Unterschied. Ein Profi besitzt nicht nur Können und Fleiß, sondern hat zudem auch einen Sinn für Balance. Er weiß, dass eine bestimmte Tätigkeit immer einem konkreten Zweck dient und dass Aufwand und Ertrag in einem vernünftigen Verhältnis stehen müssen.

Ganz anders der Perfektionist. Er orientiert sich nicht an einem Ziel, sondern an einem Ideal. Was er (bewusst oder unbewusst) erreichen will, ist das „vollkommene Ergebnis", das bis ins letzte Detail jeder Prüfung standhält und das sich in keiner Hinsicht mehr verbessern lässt. Einen Abschluss zu finden oder gar mit dem Resultat seiner Bemühungen zufrieden zu sein, ist für den Perfektionisten deshalb fast unmöglich. Für ihn sind 99 von 100 kein Spitzenresultat, sondern ein Kümmernis. Kaum ist er mit etwas fertig, packt ihn auch schon die Zwangsvorstellung, dass sein Werk doch noch einen Mangel hat, dass er es auch ganz anders gestalten könnte oder dass er ihm unbedingt noch etwas hinzufügen sollte. *„Halt, das reicht noch nicht"*, ruft er sich selbst zu und beginnt sofort mit einer neuen Runde. Während ein anderer schon längst zur Ruhe gekommen ist oder sich einem neuen Projekt zugewendet hat, umkreist der Perfektionist noch immer seine erste Aufgabe, wie ein Sputnik ohne Landevorrichtung.

Das Hauptproblem des Perfektionisten dabei ist aber, dass er dieses Verhalten flächendeckend zeigt. (Wie auch sonst, schließlich ist er ja Perfektionist!) Ob es die Präsentation für ein berufliches Meeting ist, das Abendessen für private Freunde oder die Vorbereitung der Kinder auf eine Schulaufführung, niemals ist gut auch gut genug.

Und die Folgen? Eine Mixtur aus Überforderung, Zeitdruck, Nervosität und Unzufriedenheit. Entspannung und Gelassenheit sind so nicht zu erreichen!

Bringen Sie sich zur Räson.

Übertreiben Sie es also nicht. Bezähmen Sie Ihren Perfektionismus, wenn er Sie das nächste Mal in seinen Bann zu schlagen droht. Er hilft Ihnen nicht, er schadet Ihnen nur. Die folgenden Empfehlungen helfen Ihnen, Ihren Perfektionismus künftig im Zaum zu halten, ohne dabei aber auf „Spitzenleistungen“ verzichten zu müssen.

Betrachten Sie die Gesamtlage.

Denken Sie daran, was Sie täglich alles zu tun haben und welche Aufgaben insgesamt in nächster Zeit vor Ihnen liegen. Wenn Sie in jedem Bereich und Detail das perfekte Werk schaffen möchten, dann wird Ihnen auf Dauer gar nichts mehr gelingen.

Lassen Sie auch mal „Fünfe gerade" sein.

Natürlich gibt es Aufgaben, bei denen man mit größtmöglicher Umsicht, Sorgfalt und Genauigkeit zu handeln hat. Der Ansatz „weniger Perfektionismus" soll nicht bedeuten, in diesen Fällen nun auf einmal nachlässig zu werden. In den meisten normalen Situationen des Alltags kann etwas mehr Lockerheit aber nicht den geringsten Schaden anrichten. Lassen Sie also auch einmal „Fünfe gerade" sein, besonders dann, wenn es um Dinge geht, die Sie in kurzer Zeit sowieso vergessen haben werden.

Vermeiden Sie Verschlimmbesserungen!

Vielleicht haben Sie diese Erfahrung auch schon gemacht. Man nimmt eine bestimmte Arbeit in Angriff, setzt seine ganze Konzentration und Energie für sie ein und erhält auf diese Weise ein bestimmtes Ergebnis, mit dem man zunächst auch ganz zufrieden ist. Irgendwann packt es einen dann und man beschließt, alles noch einmal komplett zu überarbeiten. Und wenn man schließlich, nach vielen zusätzlichen Stunden, zum Abschluss sein neues Werk noch einmal mit dem ursprünglichen vergleicht, dann stellt man fest, dass der erste Wurf der bessere war!

Mit anderen Worten: Bei jeder Arbeit gibt es ein optimales Ergebnis. Wenn man im eigenen Perfektionismusstreben versucht, diesen „Optimalpunkt" noch weiter nach oben zu treiben, dann erreicht man das Gegenteil von dem, was man möchte. Hören Sie also auf, immer weiter an etwas herumzudoktern, was seine Bestform längst hat. Ersparen Sie sich Verschlimmbesserungen.

Schließen Sie Kompromisse.

Das Leben als Ganzes ist alles andere als perfekt! Entwickeln Sie deshalb mehr Bereitschaft zu Kompromissen und Zwischenlösungen. Besser Sie machen in der Gegenwart viele kleine Schritte, als ewig auf den einen Riesensprung in der Zukunft zu warten, der dann alles auf einmal bringen soll. Und noch mehr. Oft zeigt sich im Rückblick, dass gerade der vermeintliche Kompromiss in Wahrheit die ideale Lösung war. *„Gut, dass wir es damals so gemacht haben"*, dämmert dann die späte Erkenntnis.

Reduzieren Sie Ihr Sicherheitsbedürfnis.

Eine Ursache für Perfektionismus ist natürlich ein besonders stark, vielleicht sogar übertrieben ausgeprägtes Verantwortungs- und Pflichtgefühl. Wer sich ständig einredet, dass er für alles und jeden zuständig und verantwortlich ist, der wird nie zur Ruhe kommen, bevor er nicht die Welt gerettet hat.

Noch häufiger aber ist ein überzogenes Sicherheitsbedürfnis der eigentliche Auslöser für zu großen Perfektionismus. *„Was könnte mir Schlimmes passieren, wenn* *ich hier nicht noch mehr leiste?"*, so lautet die Befürchtungs-Frage, die einen immer weiter rennen lässt.

Ersparen Sie sich solche Sorgen! Die Erfahrung zeigt, dass der Empfänger einer Leistung längst zufrieden ist, während Sie noch eine Zugabe nach der anderen für ihn draufpacken. Er möchte ein Drei-Gänge-Menü und Sie liefern ihm das Hochzeitsmahl für den Maharadscha von Eschnapur. Und das ist nicht alles. Die Erfahrung zeigt zudem, dass ein anderer Ihre Zusatzbemühungen noch nicht einmal wahrnimmt. Sie achten mit akribischer Genauigkeit auf jedes Detail und ihn interessiert nur das Große und Ganze.

Achten Sie schon am Anfang auf den Abschluss.

Setzen Sie sich gerade bei Ihren beruflichen Aufgaben von Anfang an ein zeitliches Limit. Versuchen Sie, innerhalb dieses Zeitrahmens das bestmögliche Ergebnis zu erzielen. Machen Sie gegen Ende eine abschließende „Qualitätsprüfung" und, wenn nötig, auch noch die erforderlichen Verbesserungen. Und dann ziehen Sie einen Schlussstrich unter die Angelegenheit! Es bringt Ihnen mehr, fünf Aufgaben „gut" zu erfüllen, als eine perfekt und die restlichen schlecht oder gar nicht!

7. Gönnen Sie sich mehr Geduld

Ungeduld ist gar nicht gut! Wer sie auf Dauer am Halse hat, wird seines Lebens nicht mehr froh. Sie führt nicht nur zu Nervosität und Hektik, sondern auch zu Frust und Fehlern. Ein großer Teil dessen, was im Leben schief geht, ist in Wahrheit auf nichts anderes zurückzuführen, als auf Ungeduld.

Und umgekehrt, positiv formuliert: Kaum eine Tugend und Fähigkeit ist für ein entspanntes, gelassenes Leben so wichtig, wie Geduld. Erst Geduld liefert einem die innere Ruhe, die man braucht, um sich auch in turbulenten Zeiten seine Erfolgsfähigkeit und Lebensqualität zu erhalten.

Ungeduld ist ein Zerstörer.

Ein ungeduldiger Mensch ist automatisch ein gehetzter Mensch. Eine Uhr ist für ihn kein Zeitmesser, sondern ein Folterinstrument. Sein persönliches Lebensthema lautet: *„Warum dauert das so lange?“*

Diese Frage stellt er ständig, natürlich in wechselnder Form: *„Warum fahren die so langsam? Wann ist Feierabend? Wo bleibt der Lift? Wieso ist das Essen nicht fertig? Wann kommst Du? Wie lange muss ich noch warten? Warum nur habe ich noch nicht alles erreicht, was ich schon längst erreichen wollte?“* Also im Kern: *„Warum dauert das so lange?“*

Die negativen Folgen dieser Geisteshaltung werden weit unterschätzt. Wer ungeduldig ist, schafft sich ein Problem nach dem anderen an den Hals: Er ist permanent unruhig und unzufrieden. Er geht in die Offensive, obwohl er nicht ausreichend vorbereitet ist. Er versäumt es, über die Notwendigkeit und Sinnhaftigkeit seines Handelns nachzudenken. Er macht Schnellschüsse, die das Gegenteil von dem bewirken, was er erreichen will. Er wählt Abkürzungen, die sich als Umwege erweisen. Er begeht ständig Fehler, weil er Dinge übersieht, nicht bedenkt oder zu oberflächlich angeht. Und es passieren ihm Unfälle – denken Sie beispielsweise nur an den Straßenverkehr.

Geduld ist demgegenüber eine Wohltat! Wer geduldig ist, ist auch gelassen. Er hat eine Vorstellung davon, wie viel Zeit ein bestimmtes Vorhaben beanspruchen wird. Er verfügt über die Standhaftigkeit und das Durchhaltevermögen, um seine Ziele auch langfristig zu verfolgen. Und er vermag sich seine Motivation und Zuversicht auch dann zu erhalten, wenn es einmal zu Rückschlägen und Verzögerungen kommt.

Machen Sie die Geduld zu Ihrem Verbündeten.

Mit Gleichgültigkeit, Langsamkeit oder Phlegma hat Geduld also nichts zu tun. Im Gegenteil. Sie ist nicht nur ein Schutzschild gegen Hektik und Unzufriedenheit, sondern ein Hauptmittel zur Stärkung der eigenen Energie und Tatkraft. Die folgenden Empfehlungen sollen Ihnen deshalb helfen, die Dinge künftig mit mehr Geduld und Gelassenheit anzugehen!

Zeigen Sie gerade bei Kleinigkeiten mehr Geduld.

Haben Sie schon einmal Menschen beobachtet, die an einer Supermarktkasse kurz warten müssen, weil eine ältere Dame ein wenig länger braucht, um die Münzen aus ihrer Geldbörse zu holen? Es ist fürchterlich. Zuerst starren sie demonstrativ zur Seite. Dann schütteln Sie entrüstet den Kopf. Anschließend wippen sie mit den Knien oder scharren mit den Füßen. Und parallel dazu versuchen sie, alle anderen in der Schlange mit gemurmelten Empörungstexten ebenfalls aufzuwiegeln: *„Das gibt es doch wohl nicht, also so etwas, muss das denn jetzt sein!“* Am schlimmsten aber sind ihre Blicke. Wenn diese töten könnten, bliebe von der älteren Dame kaum mehr was übrig.

Mit anderen Worten: Bei den meisten Menschen genügen schon Kleinigkeiten, um sie in massive Ungeduld zu versetzen. Ein weiteres gutes Beispiel sind Reisen. Bei der Durchsage *„unser Flug von Hamburg nach München* *startet mit einer Verspätung von fünf Minuten"* geht ein kollektiver Protestschrei durch die Wartehalle. *„Was, fünf Minuten, schon wieder, die lernen es nie, ich wollte heute doch endlich einmal rechtzeitig nach Hause!"* Wenn man die Gesichter mancher Passagiere sieht, hat man den Eindruck, ihnen seien soeben die letzten fünf Minuten ihres Lebens gestohlen worden.

Machen Sie diesen Unsinn also nicht länger mit. Handeln Sie künftig gerade bei den normalen Alltagsgeschehnissen weit geduldiger als bisher. Das Leben ist kein Sprintrennen, bei denen die Tausendstel zählen. Selbst wenn Sie einige Mal am Tag ein paar Minuten aufgehalten werden, so ist das in seiner Wirkung und zeitlichen Summe doch völlig unbedeutend. (Sollten Sie daran zweifeln, dann überlegen Sie einfach einmal, wie viel Zeit man jeden Tag selbst mit völlig sinnlosen Aktionen verschwendet. Es ist ein Mehrfaches von dem, was man durch äußere Umstände oder das Verhalten anderer verliert.)

Achten Sie auf eine realistische Zeitplanung.

Machen Sie sich gerade bei wichtigen und komplexen Vorhaben von Anfang an klar, welcher Gesamtzeitaufwand bis zum Abschluss erforderlich ist. Eine realistische Einschätzung der Verhältnisse hilft Ihnen nicht nur, Ihre Geduld zu bewahren, sondern dient dem Erfolg Ihres Projektes insgesamt. Der französische Schriftsteller und brillante Staatstheoretiker Baron de Montesquieu liefert diese Erkenntnis schon Anfang des 18. Jahrhunderts:

„Der Erfolg der meisten Dinge hängt davon ab, dass man weiß, wie lange es dauern wird, bis sie gelingen".

Vermeiden Sie Hast.

Schnelligkeit ist eine Sache, Hast eine andere. Verzichten Sie also darauf, aus Ungeduld den zweiten vor dem ersten Schritt zu machen. Die Erfahrung lässt keinen Zweifel: Auf den souverän geäußerten Satz *„hier kenne ich eine todsichere Abkürzung"* folgt ein wenig später fast immer ein Kommentar wie *„komisch, beim letzten Mal sah die Gegend hier ganz anders aus"* oder die Feststellung *„an dieser Stelle sind wir vor einer Stunde schon mal vorbei gekommen"*.

Also – eine Vorgehensweise mit Geduld und Umsicht bringt Sie schneller voran, als ein fliegender Start, auf den dann eine zeitintensive Schadensbehebung nach der anderen folgt. Der bereits an anderer Stelle zitierte englische Philosoph, Schriftsteller und Staatsmann Francis Bacon lehrte es schon vor rund fünfhundert Jahren: *„Die Überhast erzeugt Verzögerung."*

Blicken Sie ein wenig in die Zukunft.

Machen Sie einen gedanklichen Zeitsprung, wenn Sie das Gefühl haben, dass es mit einem bestimmten Projekt zu lange dauert. Stellen Sie sich vor, in was für einer positiven Situation Sie sein werden, wenn Sie erst einmal alles geschafft haben. Je deutlicher Sie ihr Ziel vor sich sehen, desto motivierter sind Sie und desto leichter gelingt es Ihnen, Ihren Weg ohne Ungeduld fortzusetzen.

Hetzen Sie niemanden.

Achten Sie auch im Umgang mit anderen Menschen auf Geduld. Hetzen Sie Ihren Partner insbesondere nie. Sätze wie *„wie lange dauert das denn noch?“* oder *„nun beeil dich doch endlich mal“* beschleunigen die Angelegenheit in keiner Weise. Ganz im Gegenteil. Sie führen höchstens zu Streit und bringen den anderen dazu, dass er nun erst recht langsam macht.

Gönnen Sie sich mehr Geduld mit sich selbst!

Geduld „mit dem Geschehen“ ist wichtig. Geduld „mit sich selbst“ ist fast noch wichtiger! Setzen Sie sich also künftig weniger selbst unter Druck. Gönnen Sie sich mehr Geduld (und damit automatisch auch mehr Zufriedenheit!) bei dem, was Sie tun, und bei dem, was Sie in Ihrem Leben alles erreichen möchten.

Denken Sie an die Größenordung Ihrer Ziele.

Denken Sie als erstes daran, dass gerade die sogenannten „Lebensziele“ einen enormen Anlauf und Aufwand erfordern. Die Entwicklung eines glücklichen Privatlebens, die entscheidende berufliche Weichenstellung, der Aufbau finanzieller Sicherheit, der Einzug ins eigene Haus – alle diese Vorhaben gelingen nicht von heute auf morgen und sie gelingen zudem auch nur selten genau in der Art und Weise, die man sich ganz am Anfang vorgestellt hat.

Berücksichtigen Sie Ihre individuelle Lage.

Machen Sie sich als zweites bewusst, dass jeder Mensch so etwas wie eine individuelle Schrittlänge und Schrittgeschwindigkeit hat. Die eigene Persönlichkeit, Leistungsstärke, Historie und Lebenssituation (um einige Faktoren zu nennen) bestimmen, wie schnell und in welchem Maße man seine Pläne und Projekte realisieren kann.

Nehmen Sie als ein Beispiel die Situation von Frauen, die Kinder und Karriere unter einen Hut bringen wollen. Auf der einen Seite ginge es ohne Kinder beruflich mit Sicherheit weit schneller voran. Auf der anderen Seite wäre es ohne Job viel einfacher, dem eigenen Nachwuchs die Zeit und Aufmerksamkeit zu schenken, die er eigentlich braucht. Was man also tut, irgendeinen Haken hat die Entscheidung immer. Deshalb nun aber in Ungeduld, Unzufriedenheit oder gar Selbstvorwürfe zu verfallen, hilft niemandem. Es wäre auch sachlich völlig unangemessen. Die Lage ist, wie sie ist, und die einzig sinnvolle Lösung besteht darin, die Gegebenheiten zu akzeptieren und aus ihnen das „Best-*Mögliche*“ zu machen.

Sehen Sie das Erreichte.

Hören Sie also auf, sich selbst ständig unter Druck zu setzen. Stellen Sie sich nicht dauernd die Frage, warum Sie bei Ihren Lebenszielen nicht schon viel weiter gekommen sind, welche Fehler und Unterlassungen Sie in der Vergangenheit vielleicht begangen haben und ob Sie nicht alles über den Haufen werfen und völlig neu beginnen sollten. Alle diese Fragen führen Sie nur in die falsche Richtung.

Achten Sie stattdessen viel stärker auf die „unsichtbaren Fortschritte", die Sie erzielen und bereits erzielt haben. Bei vielen Lebensplänen verhält es sich ähnlich wie mit richtigen Bauvorhaben. Man kommt täglich am Bauzaun vorbei und hat das Gefühl, dass trotz aller Bewegung, Arbeiten und Geräte nicht das Geringste passiert. Und dann, von einem Tag auf den anderen, ist der Zaun plötzlich verschwunden und man erblickt ein fertiges und strahlendes neues Gebäude.

Stellen Sie sich deshalb regelmäßig die folgenden Fragen, um auch die „verborgenen" positiven Entwicklungen zu erkennen und sich Ihre Geduld mit Ihnen selbst zu erhalten:

- Was haben Sie schon längst auf den Weg gebracht?
- Was geht im Augenblick vorzüglich voran? Auf welchen Gebieten haben Sie bereits wichtige Teilerfolge erzielt?
- Und wie würden Sie sich fühlen, wenn Sie in allen diesen Bereichen wieder von vorne anfangen müssten?

8. Befreien Sie sich von der Herrschaft des Ärgers

Wenn es im Alltag einen Feind von Heiterkeit und Gelassenheit gibt, dann ist es Ärger. Er raubt die Stimmung, reduziert die Leistungskraft und vermindert die Lebensqualität. Und wenn aus Ärger Dauerärger wird, dann bedroht er auch noch die eigene Gesundheit. Eine Hauptstrategie für die Erhaltung der persönlichen Lebensfreude und Lebensleichtigkeit lautet daher: Entwickeln Sie Ihr persönliches Anti-Ärger-System!

Denken Sie daran, was Ärger mit Ihnen anstellt

Für viele Menschen ist der tägliche Ärger so selbstverständlich wie das tägliche Brot. Was sie auch tun, ein Anlass zu Verdruss, Missmut, Zorn oder gar Wut findet sich immer. Die Zahl der Auslöser ist endlos. Die älteste Tochter gibt morgens das Bad nicht frei: *„Raus da, wir wollen auch mal rein!“* Ein anderer Autofahrer fährt zu dicht auf: *„Ich sollte mal kräftig bremsen, dann würde der* *sein blaues Wunder erleben!"* Ein Kollege versäumt einen Termin: *„War ja klar, dass auf diesen Dummkopf kein Verlass ist!"* Der Chef fordert mehr Einsatz: *„So eine Frechheit, ich schufte doch jetzt schon wie ein Wilder!"* Ein Radfahrer benutzt den Bürgersteig: *„Den sollte man anzeigen, den Verbrecher!"* Der Hund des Nachbarn bellt im Garten: *„Was haben die dem Vieh bloß zu fressen gegeben!?"* Das Ausflugslokal ist sonntags überfüllt: *„Hätte ich mir denken können, dass hier heute jeder Trottel herkommt!"*

Es liegt auf der Hand, dass Menschen mit dieser Denkungsart kein besonders angenehmes Leben führen. Im Gegenteil. Die negative Wirkung von Ärger ist enorm. Hier nur einige Aspekte:

Ärger lenkt ab: Ein Ärgernis am Morgen kann reichen, um alle Vorhaben zu vergessen und für den Rest des Tages nur noch an Vergeltungsstrategien zu arbeiten.

Ärger bremst: Er stiehlt die Zeit, Kraft und Konzentration, die man braucht, um bei seinen wirklich wichtigen Aufgaben voranzukommen.

Ärger degradiert: Er zerstört die Ausstrahlungskraft und Kommunikationsfähigkeit. Kaum jemand bietet einen so bemitleidenswerten Anblick wie ein Mensch, der seine Contenance verliert und eine Vorstellung als Rumpelstilzchen liefert.

Ärger macht furchtsam: Er erschüttert die eigene Stabilität und öffnet der Sorge damit die Tür. Wer zum Spielball seines Ärgers geworden ist, sieht nicht mehr die Chancen, sondern nur noch die Probleme. Gleichzeitig aber verliert er eben jede Problemlösungskapazität. Die Folge davon sind noch mehr Sorgen.

Ärger bringt Anschlussärger: Er verleiht enorme emotionale Schubkraft, aber leider in die falsche Richtung. Vom Ärger getriebene Handlungen lösen fast immer Folgeärger aus, der oft noch größer ist als der ursprüngliche.

Entwickeln Sie Ihr persönliches Anti-Ärger-System

Aber Achtung! Natürlich darf an dieser Stelle nicht verschwiegen werden, dass Ärger auch seine guten Seiten hat! Zum einen erfüllt er eine Art Ventilfunktion. Wer sich nie mithilfe von Ärger Luft macht, wer seine negativen Gedanken und Gefühle ständig unterdrückt, der gefährdet seine seelische und körperliche Gesundheit erst recht. Zum anderen ist Ärger in vielen Fällen der eigentliche Antrieb für Verbesserungen. Erst der Unmut oder Zorn über ein bestimmtes Problem führt dazu, dass man an dieser Stelle notwendige Veränderung vornimmt. So definiert Immanuel Kant den Zorn durchaus auch positiv: *„Zorn: ein Schreck, der zugleich die Kräfte zum Widerstand gegen das Übel schnell rege macht."* Und drittens gibt es immer wieder (Konflikt-) Situationen, in denen man einem Gesprächspartner nur mit einem Wort des Ärgers zeigen kann, dass eine Grenze erreicht ist, die er besser nicht überschreiten sollte.

Die Aufgabe besteht deshalb keineswegs darin, die Emotion des Ärgers vollständig aus dem eigenen Leben zu verbannen. Worum es vielmehr geht, ist, den Ärger im wahrsten Sinne des Wortes beherrschen zu lernen, sich von ihm nicht mehr unterkriegen zu lassen und weit gelassener als bisher zu reagieren, wenn er sich einem doch einmal wieder nähert. Wie viel einem genau dieses Vorhaben bringt, wusste der griechische Dichter Euripides schon vor zweieinhalb Jahrtausenden: *„Wer gelernt hat, sich von der Herrschaft des Ärgers zu befreien, wird das Leben viel lebenswerter finden."*

Die folgenden Gedanken und Empfehlungen eines persönlichen Anti-Ärger-Systems liefern Ihnen dafür die Anleitung!

Anti-Ärger-Regel Nr. 1: Planen Sie Ärger mit ein

Ein ärgerliches Ereignis entfaltet seine Wirkung hauptsächlich aus zwei Gründen. Der erste ist selbstverständlich der Unmut über den Vorfall selbst. Irgendetwas geschieht, das man nicht möchte und das man als unangenehm, störend, belastend oder gar bedrohlich empfindet: Jemand verhält sich falsch. Man muss etwas tun, dem man lieber aus dem Wege gehen würde. Die eigenen Erwartungen werden enttäuscht. Man wird von etwas gebremst oder behindert. Man erleidet einen Misserfolg oder eine Niederlage. Wie gesagt, die Liste der Auslöser ist endlos.

Die zweite Ursache besteht aber darin, dass man innerlich fast nie auf das betreffende Ärgernis vorbereitet ist! Am Himmel keine Wolke, und trotzdem schlägt der Blitz ein, so der eigene Eindruck. Und dieses Unvorbereitetsein hat automatisch zwei Folgen. Zum einen erhöht es die eigene Angreifbarkeit und Verletzlichkeit. Und zum anderen führt es dazu, dass man sich nicht nur über den eigentlichen Vorfall ärgert, sondern hauptsächlich auch darüber, dass er überhaupt eingetreten ist und dass man unter ihm zu leiden hat. *„Das darf doch nicht wahr sein, warum muss das denn ausgerechnet mir passieren“*, so in etwa klingen die Gedanken, mit denen man sich über die Ungerechtigkeit empört, auf einmal Ärger am Halse zu haben.

Die erste Anti-Ärger-Formel lautet deshalb: Lassen Sie sich von Ärger künftig weniger überraschen! Überlegen Sie, wie vielen Personen Sie täglich begegnen und womit Sie sich im Laufe eines Tages alles beschäftigen. Die Vorstellung, dass es dabei niemals zu Ärger kommen würde, ist einfach unrealistisch. Ärger ist also kein ungerechter Schicksalsschlag, sondern ein Teil der Normalität. Und als solchen sollten Sie ihn auch betrachten und behandeln.

Anti-Ärger-Regel Nr. 2: Relativieren Sie die Größenordnung

Besonders bei Ärger gilt der Satz: *„Kleine Ursache, große Wirkung.“* Eine unbedachte Bemerkung eines Mitmenschen, ein kurzfristiges Hindernis, eine geringfügige Unannehmlichkeit, und schon gerät das Blut in Wallung. Erst später, im Rückblick, erkennt man dann, dass die ganze Aufregung weit übertrieben war.

Lassen Sie es erst gar nicht so weit kommen. Überlegen Sie beim Auftauchen von Ärger vielmehr gleich am Anfang, welche Bedeutung und negativen Folgen der Vorfall in Wahrheit für Sie hat und ob es sich wirklich lohnt, hier in

Rage zu geraten. Das hat zwei Vorteile: Sie verlagern die Betrachtung automatisch von der emotionalen Ebene auf die Sachebene. Und Sie werden in fast allen Fällen erkennen, dass der tatsächliche Schaden die ganze Aufregung nicht wert ist. Hier sind die Fragen, die Sie sich stellen sollten:

- Welche finanziellen und zeitlichen Auswirkungen hat der Vorfall für Sie?
- Welche Auswirkungen hat er in Bezug auf Ihre Reputation oder Sicherheit?
- Hat er überhaupt irgendeine negative Auswirkung – oder hat er stattdessen vielleicht sogar eine positive? Wenn ja, welche?

Anti-Ärger-Regel Nr. 3: Überprüfen Sie die Häufigkeit

Einmal erzählte mir der Vertriebschef eines Finanzunternehmens von seinem Ärger: *„Es ist schlimm. Unsere Kunden sind so anspruchsvoll, die beschweren sich sofort, wenn etwas nicht klappt. Gerade hatte ich wieder so einen Fall.“* Daraufhin stellte ich ihm eine Frage: *„Wie viele Gespräche dieser Art führen Sie denn im Monat?“* Seine Antwort: *„Na, ein oder zwei bestimmt.“* Und dann, mit einem Lächeln, kam seine Schlussfolgerung: *„Also, wenn man es so sieht, dann ist es natürlich doch nicht so schlimm.“*

Seine Worte zeigen, worum es geht. Ein großer Teil des Ärgers über ein bestimmtes Ereignis beruht darauf, dass man das Gefühl hat, Ereignisse dieser Art passierten ständig. Würde man erkennen, dass es sich in Wahrheit um eine reine Ausnahme handelt, könnte man die Angelegenheit dagegen einfach als Nebensächlichkeit abhaken.

Achten Sie also künftig stärker darauf, wie häufig ein für Sie unangenehmer Vorfall wirklich vorkommt. Sie werden sehen, dass es fast immer weit seltener der Fall ist als zunächst geglaubt. Also:

- Wie oft kommt der betreffende Ärger in Wahrheit vor – pro Tag, pro Woche, pro Monat?
- Wie viele Ihrer Partner bereiten Ihnen diesen Ärger: einer von zehn? Einer von hundert? Oder einer von tausend?

Anti-Ärger-Regel Nr. 4: Machen Sie persönliche Souveränität zu Ihrer obersten Maxime

Die Hauptursache für Ärger ist selbstverständlich das Verhalten anderer Menschen. Wie also sollte man reagieren, wenn sich jemand danebenbenimmt, einen Fehler macht oder gar versucht, einem Schaden zuzufügen? Die Grundregel lautet: Was immer Sie auch tun, machen Sie persönliche Souveränität zu Ihrer Leitlinie!

Erhöhen Sie den inneren Abstand.

Wie eingangs gesagt: Denken Sie daran, mit wie vielen Menschen Sie zusammenkommen. Sie können nicht jeden dazu bringen, Sie zu mögen, Sie zu unterstützen und sich Ihnen gegenüber angemessen zu verhalten. Und Sie haben erst recht keine Möglichkeit, aus einer Wespe eine Biene zu machen.

Reagieren Sie deshalb künftig mit mehr Gelassenheit und innerem Abstand, wenn Sie auf jemanden treffen, für den Manieren, Fairness oder Anstand nichts als Fremdwörter sind. Erregen und entrüsten Sie sich nicht darüber, dass *„jemand so ist"* und dass jemand *„so etwas tut"*.

Nehmen Sie ihn und sein Verhalten stattdessen weniger ernst, insbesondere dann, wenn es jemand ist, der Ihnen wahrscheinlich nur einmal im Leben über den Weg laufen wird. Freuen Sie sich darüber, dass Sie selbst anders sind, und lenken Sie Ihre Gedanken auf die große Zahl der guten und angenehmen Partner, mit denen Sie täglich zu tun haben. Alles andere wäre Zeitverschwendung!

Reagieren Sie nie mit voller Wucht.

Reagieren Sie insbesondere niemals mit voller Wucht, wenn sich jemand aus Ihrer Sicht falsch verhalten oder einen Fehler gemacht hat. Die Erfahrung beweist: Das, was Ihnen im Augenblick der Empörung als angemessene Reaktion und Wortwahl erscheint, wird Ihnen bereits wenige Minuten später weit übertrieben vorkommen. Wenn Sie es aussprechen, erfüllt Sie noch ein Triumphgefühl: *„Das hat gesessen, das wird ihn lehren, das vergisst er nie!"* Wenn Sie kurz darauf wieder alleine sind, dann ergreift Sie der Katzenjammer: *„Was habe ich nur getan, warum habe ich das nur gesagt, wie mache ich das bloß wieder gut?"*

Halten Sie sich also bei Fehlern anderer zurück: Schimpfen Sie nicht. Toben Sie nicht. Machen Sie keine theatralischen Vorwürfe. Benutzen Sie keine Schimpfwörter oder Beleidigungen. Und, absolut entscheidend, vermeiden Sie alles, womit Sie den anderen herabsetzen und ihn sein Gesicht verlieren lassen würden. Alles das käme sonst nur wie ein Bumerang auf Sie zurück. Der russische Schriftsteller Leo N. Tolstoj hat es genau erkannt: *„Das, was im Zorn begonnen hat, endet in Scham."*

Bewahren Sie ein kühles Herz!

Natürlich geht es dabei nicht darum, sich einfach alles bieten zu lassen. Im Gegenteil. Bei wirklich anmaßenden und unverschämten Partnern hilft nur eine direkte, konsequente und frühzeitige Reaktion! Aber – auch hier kommt es darauf an, die Selbstbeherrschung zu bewahren und nur das zu tun, was einem in der betreffenden Situation wirklich weiterhilft. Wenn Sie sich von Ihren Emotionen davonreißen lassen, geraten Sie automatisch auf dieselbe Ebene, auf der sich Ihr Kontrahent befindet. Sie passen sich seinem negativen Verhaltensstil an, Sie verlieren Ihre moralische Überlegenheit und Sie machen sich selbst angreifbar. Aus dieser Position heraus können Sie Ihren Ärger kaum loswerden.

Lassen Sie sich deshalb auch von „zerstörerischen" Zeitgenossen nicht aus der Fassung bringen. Setzen Sie Ihren Zorn stattdessen mit wachem Kopf und kühlem Herzen ein! Wählen Sie deutliche, klare Worte, und das mit Bedacht: Überlegen Sie, was Sie konkret erreichen wollen. Konzentrieren Sie sich auf die Sache selbst. Sagen Sie nicht mehr als nötig. Sprechen Sie ruhig und ohne Hast. Blicken Sie den anderen direkt an. Was grundsätzlich gilt, gilt in Konfliktsituationen ganz besonders: *Souveränität siegt immer!*

Anti-Ärger-Regel Nr. 5: Nichts überstürzen

Ein befreundeter Unternehmer hat einen festen Grundsatz. Wenn ihm ein Mitarbeiter voller Ärger von einem plötzlich aufgetauchten Problem berichtet und ihn fragt, was er dagegen unternehmen soll, antwortet er immer das Gleiche: *„‚Sofort' unternehmen wir gar nichts. Wir sehen uns die Sache erst einmal in Ruhe an, und dann entscheiden wir, wie die beste Lösung aussieht."*

Genau die richtige Vorgehensweise! Wer bei Ärger sofort reagiert, reagiert fast immer falsch. Er handelt dann, wenn der Schock am größten und das Denkvermögen am geringsten ist. Und er handelt zumeist auch noch auf der Basis unvollständiger oder falscher Informationen. Dass dabei kaum etwas Gutes herauskommen kann, ist klar.

Reagieren Sie bei Ärger also niemals schneller, als es unbedingt erforderlich ist, weder mit Worten noch mit Taten. Nehmen Sie insbesondere nie sofort Kontakt mit der Person auf, die den Ärger Ihrer Ansicht nach ausgelöst hat. Sie können sicher sein, dass ein solches „Spontan-Gespräch" in einem Desaster enden würde.

Legen Sie stattdessen eine Besinnungspause ein: Besorgen Sie sich Informationen. Durchdenken Sie die Lage. Schreiben Sie auf, was Sie tun oder sagen sollten. Und, wenn möglich, überschlafen Sie die Angelegenheit. Am nächsten Morgen sieht die Welt bekanntermaßen schon ganz anders aus. Der römische Philosoph, Dramatiker und Staatsmann Seneca (der sich in seinen Schriften gerade auch dem Zorn gewidmet hat!) sagt es so: *„Das größte Gegenmittel gegen den Zorn ist der Aufschub."*

Der Abstand, den Sie auf diese Weise gewinnen, hilft Ihnen enorm. Ihre Gefühle und Gedanken kommen wieder in ruhiges Fahrwasser. Sie können den Vorfall und seine Folgen besser einschätzen. Und Sie verschaffen sich genügend Zeit, um in Ruhe überlegen zu können, welche Vorgehensweise sinnvoll und richtig ist. (Um kein Missverständnis aufkommen zu lassen, von dieser Regel gibt es natürlich eine Ausnahme: Wenn im Zusammenhang mit der betreffenden Angelegenheit „Gefahr im Verzug" ist, dann ist Schnelligkeit selbstverständlich oberste Bürgerpflicht!)

Anti-Ärger-Regel Nr. 6: Nutzen Sie den Ärger als Ideenquelle

Eine der besten Anti-Ärger-Regeln lautet: Ändern Sie Ihre Perspektive. Betrachten Sie Ärger nicht nur als Belastung, sondern auch als Chance!

Wie? Ganz einfach. Da jedes Ärgernis seine Ursache hat, ist Ärger eine der besten Ideenquellen überhaupt.

Er zeigt Ihnen, was falsch läuft, wo Fehler passieren und welche verborgenen Schwachstellen existieren. Einen besseren Erfolgsberater als Ärger werden Sie kaum finden!

Verschwenden Sie also Ihre Zeit und Kraft nicht damit, sich lange über einen bestimmten Vorfall zu erregen. Denken Sie stattdessen lieber darüber nach, was Sie aus ihm lernen können. Überlegen Sie, an welcher Stelle der Ärger seinen Ursprung hat und was Sie auf diesem Feld verändern und verbessern werden.

Die Vorteile dieser Vorgehensweise sind enorm: Sie kommen wieder in eine positive Stimmung, weil Sie anfangen, sich auf Chancen und Lösungen zu konzentrieren. Sie verringern Ihren Ärger in der Zukunft, weil Sie seine Ursachen beseitigen. Und Sie werden auf dem betreffenden Gebiet insgesamt professioneller und damit erfolgreicher, als Sie es zuvor waren. Besser geht es kaum! Die folgenden Fragen liefern Ihnen dafür einen unkomplizierten Leitfaden:

- Welche Ursache hat der Ärger: Was hat ihn ganz konkret ausgelöst?
- Welche Verbesserungsmöglichkeiten und Lösungen gibt es: Wie können Sie die betreffende Schwachstelle beseitigen und in eine Stärke verwandeln?
- Was ist dafür zu tun: Was müssen Sie entscheiden und in die Wege leiten?

Anti-Ärger-Regel Nr. 7: Ärgern Sie sich nicht prophylaktisch

Und schließlich: Ärgern Sie sich niemals vorbeugend! Vorauseilender Gehorsam ist ja schon Unsinn, aber vorauseilender Ärger ist die Spitze der Sinnlosigkeit.

Ein Beispiel. Ein guter Freund aus der Schweiz erhält eines Tages einen unangekündigten Brief seines Vermieters und ist sich sofort sicher, um was es geht: *„Bestimmt eine Mieterhöhung!“* Entsprechend groß ist sein Verdruss. Um sich die Laune nicht noch mehr zu verderben, lässt er den Brief einfach ungeöffnet auf seinem Schreibtisch liegen. Erst ein paar Tage. Dann eine Woche. Dann zwei Wochen. Dann drei. Jedes Mal, wenn er den Umschlag sieht, steigt der Ärger wieder hoch. Irgendwann hält er es nicht mehr aus und öffnet das Schreiben doch. Und liest: *„Sehr geehrter Herr XY, die Nebenkosten im letzten Jahr sind geringer ausgefallen als angesetzt. Bitte informieren Sie mich, auf welches Konto ich Ihnen Ihre eingesparten Vorauszahlungen zurücküberweisen kann. Hochachtungsvoll …“*

Die Botschaft ist klar. Wie eingangs gesagt, man sollte immer auf möglichen Ärger vorbereitet sein. Sein Eintreten aber als unabänderlich zu betrachten, mehr noch, die eigenen Negativemotionen in der Erwartung vermeintlichen Ärgers immer weiter hochzuschaukeln, das wäre die reine Torheit!

Mehr Erfolg

9. Aktivieren Sie Ihre Beziehungsintelligenz®

Selbstverständlich gibt es viele Faktoren, die Einfluss auf Ihren Erfolg, Ihre Lebensqualität und Ihre Lebensleichtigkeit haben. Gleichzeitig aber gibt es eine strategische Erkenntnis, die zeigt, worauf es gerade in diesem Zusammenhang besonders ankommt. Sie lautet: *„Ihr Berufsleben ist ein Beziehungsleben!"*

Unabhängig davon, welche Tätigkeit Sie konkret ausüben, wie groß Ihr Einfluss ist und welche Machtmöglichkeiten Sie haben – Sie arbeiten nie in einem „luftleeren Raum". Sie sind vielmehr immer mit anderen Personen verbunden, die an irgendeinem Punkt der Entwicklung darüber entscheiden, wie weit Sie kommen, ob und wie schnell Sie Ihre Ziele erreichen, unter welchen Rahmenbedingungen Sie arbeiten und welche Freude Sie an Ihrem Beruf haben. Der entscheidende Erfolgsfaktor ist deshalb Beziehungsintelligenz – Talent und Brillanz im Umgang mit Menschen!

Das folgende Kapitel soll Ihnen zeigen, welche Bausteine persönlicher Beziehungsintelligenz besonders wichtig sind und wie es Ihnen gelingt, Ihre beruflichen (und in gleicher Weise natürlich auch Ihre privaten) Partner für sich zu gewinnen und sie zu Ihren Freunden und Verbündeten zu machen.

Was Sie geben, erhalten Sie zurück!

Bereits die Definition von Beziehungsintelligenz zeigt ihre Bedeutung: Es ist die Fähigkeit, die Persönlichkeit eines Partners zu erfassen, auf ihn und seine Interessen einzugehen, sein Selbstwertgefühl zu stärken, ihm Unterstützung zu liefern und ihn mit Energie und positiver Stimmung zu versorgen.

Das Entscheidende dabei ist, dass eben nicht allein Ihr Partner von einem Verhalten mit Beziehungsintelligenz profitiert, sondern auch Sie selbst. Der erste Grund dafür besteht darin, dass Sie sich positiv konditionieren. Indem Sie überlegen, wie Sie einen anderen Menschen erfreuen, unterstützen oder motivieren können, lenken Sie Ihren Blick automatisch auf die positiven Aspekte der Lage. Sie können gar nicht anders, als daran zu denken und darüber zu sprechen, was momentan gut läuft und welche Chancen Ihnen und Ihrem Partner offenstehen. Der amerikanische Schriftsteller Mark Twain hat diesen Wirkungszusammenhang genau erkannt: *„Der beste Weg, sich eine Freude zu bereiten, besteht darin, anderen eine zu machen."*

Der zweite Grund ist die Reaktion Ihrer Umwelt. Auf keinem anderen Feld gilt das Prinzip *„Was Sie geben, erhalten Sie zurück"* so unmittelbar! Wen Sie fröhlich grüßen, der wird auch Sie anlächeln. Wen Sie mit einem Rat stärken, der wird auch Ihnen Hilfe schenken. Und wen Sie zu mehr Optimismus bringen, der wird auch Ihnen zeigen, welche Vorteile die Welt im Augenblick zu bieten hat.

Vielleicht ein kleines (berufliches) Beispiel dazu. Der Geschäftsführer eines mittelständischen Unternehmens erhält den Anruf eines langjährigen Kunden. Dieser eröffnet ihm, dass er in Zukunft bei einem anderen Anbieter kaufen müsse, da dieser billiger sei, wenn auch bei etwas geringerer Qualität. Der Geschäftsführer besitzt Beziehungsintelligenz! Er beginnt nicht zu jammern und zu klagen, sondern reagiert verständnisvoll und höflich. Nach dem Telefonat aber handelt er sofort. Er kauft einen wunderschönen Blumenstrauß, fährt zu seinem (Ex-)Kunden und überreicht ihm die Blumen als Geschenk und Dank für die vielen Jahre der vorzüglichen Zusammenarbeit. Der Kunde ist vor Verblüffung fast sprachlos. Sechs Wochen später ruft er aber wieder an und sagt wörtlich: *„Wir haben soeben in der Geschäftsleitung beschlossen, wieder bei Ihrem Unternehmen zu kaufen. Die anderen mögen etwas billiger sein, aber als Menschen sind sie im Vergleich zu Ihnen für uns völlig unerträglich.“*

Das Beispiel zeigt das Prinzip. Die mithilfe von Beziehungsintelligenz geschaffenen „besonderen Beziehungen“ setzen die üblichen Spielregeln außer Kraft. Sie erleichtern es Ihnen nicht nur, Ihre aktuellen Ziele zu erreichen, sondern ermöglichen Erfolgsergebnisse, die unter gewöhnlichen Umständen völlig außerhalb der Reichweite liegen.

Beziehungsintelligenz-Regel Nr. 1: Liefern Sie Ihrem Partner Wertschätzung und Anerkennung

Der am meisten geschätzte Wert ist die Wertschätzung! Und Anerkennung wiederum ist Wertschätzung in ihrer schönsten und wirkungsvollsten Form. Die erste große Regel der Beziehungsintelligenz lautet daher: Liefern Sie Ihrem Partner mehr Wertschätzung und Anerkennung!

Beseitigen Sie das Anerkennungsdefizit.

Kennen Sie die „deutsche Krankheit"? Es ist der Unwille und die Unfähigkeit, anderen Menschen Anerkennung zu liefern. Wer in Deutschland jemanden lobt, gilt für die meisten Beobachter entweder als Narr oder als Lügner. Als Narr deshalb, weil er nach herrschender Meinung unfähig ist, zu erkennen, wie fehlerhaft oder unbedeutend die Leistung des anderen in Wahrheit ist. Oder (in konsequenter Fortführung dieser Denkweise) als Heuchler, weil er sein Kompliment vermeintlich nur deshalb macht, um den anderen zu manipulieren. Daher entschuldigen sich die meisten Menschen auch sofort, wenn sie doch einmal eine Anerkennung geäußert haben. Ihr Standardsatz lautet: *„Das meine ich jetzt nicht als Lob, sondern ehrlich."*

Die Folge davon ist, dass die meisten von uns die Lieferung von Anerkennung längst aus ihrem Verhaltensrepertoire gestrichen haben. *„Nichts gesagt ist genug gelobt"*, so lautet ihr Credo.

Und sollte doch einmal ein Kompliment kommen, dann ist es fast immer mit einem Negativkommentar verknüpft, der als nachgereichter Nackenschlag fungiert. Ein Alltagsbeispiel zeigt die Methode: Eine ältere Geschäftsfrau besucht eine Vernissage. Eine der ausgestellten Collagen findet sie so interessant, dass sie nach dem Preis fragt. Kaum hat ihr die junge Künstlerin geantwortet, werden die Verhältnisse auch schon zurechtgerückt: *„Ihre anderen Bilder gefallen mir gar nicht. Viel zu modern."* Und auch im Berufsleben ist uneingeschränkte Anerkennung so selten wie eine Auster im Fastfood-Restaurant: *„Da ist Ihnen ja tatsächlich ein vorzügliches Jahresergebnis gelungen. Aber dass ausgerechnet Sie so etwas jemals schaffen würden, damit haben Sie sicher selbst nicht gerechnet."*

Machen Sie sich klar, warum die Anerkennung so oft untergeht.

Warum aber fällt es vielen von uns so schwer, beruflichen oder privaten Partnern angemessene Anerkennung zu liefern? Drei Ursachen spielen eine Hauptrolle.

Die erste Ursache sind Befürchtungen – zum Beispiel die Furcht, der andere könnte die Bemerkung als Schmeichelei auffassen, oder die Sorge, nicht die richtigen Worte zu finden und alles zu verpatzen.

Die zweite Ursache ist persönliche Demotivation. Wer selbst kaum Lob erhält (dafür aber regelmäßig Kritik einsteckt), der wird sich kaum dazu aufschwingen können, anderen Wertschätzung für ihre Taten und Erfolge zu liefern.

Und drittens ziehen viele unserer Zeitgenossen mit einer eher zerstörerischen Grundeinstellung durchs Leben. Gute Leistungen anderer würdigen sie keines Blickes. Kaum aber passiert jemandem ein Fehler oder Missgeschick, so springen sie ihm an die Gurgel, voller Freude, ihn belehren zu könnnen: *„Das hätte ich Ihnen gleich sagen können, dass das nichts wird!"*

Der deutsche Maler Anselm Feuerbach fasst die Ursachen fehlender Anerkennung so zusammen: *„Tadeln ist leicht: deshalb versuchen sich so viele darin. Mit Verstand loben ist schwer: deshalb tun es so wenige."*

Denken Sie daran, wie groß der Wert von Anerkennung ist – und was Sie selbst mit ihr gewinnen.

Nur Menschen mit ausgeprägtem Größenwahn oder Arglose im Geiste kennen keine Selbstzweifel. Alle anderen überlegen immer wieder, wie gut sie wirklich auf einem bestimmten Gebiet sind, welche Qualität ihre Leistungen haben und wie erfolgreich sie langfristig sein werden.

Mit einem liebenswürdigen Wort liefern Sie Ihrem Partner deshalb weit mehr als einen freundlichen Kommentar. Sie berühren vielmehr sein Innerstes: Sie bestätigen ihm, dass er etwas Besonderes vollbracht hat. Sie liefern ihm die Gewissheit, dass er sich auf dem richtigen

Weg befindet. Sie spenden ihm Kraft und Antrieb für neue Taten. Und Sie schenken ihm einen Schutzschild vor Ignoranz und Respektlosigkeit Dritter.

Aber auch Ihnen selbst bringt das Zollen von Anerkennung viel. Hier nur einige der positiven Folgen.

- *Sie schaffen enge und herzliche Beziehungen:* Mit Anerkennung erfreuen Sie Ihren Partner auf eine Weise, die sich kaum übertreffen lässt. Sie werden für ihn zu einer außergewöhnlichen Persönlichkeit, deren Anwesenheit er schätzt und mit der er intensiv zusammenarbeiten möchte.
- *Sie erhöhen Ihre Ausstrahlungskraft:* Wer sich selbst lobt, wirkt lächerlich. Wer die Leistungen anderer herausstellt, beweist Souveränität.
- *Sie verbessern Ihre Stimmung:* Sie schaffen eine Atmosphäre der Gelöstheit und Fröhlichkeit. Sie beschenken nicht nur Ihren Partner, sondern auch sich selbst.
- *Und Sie erhalten selbst mehr Anerkennung:* Wem Sie Anerkennung liefern, den machen Sie automatisch wach und aufgeschlossen für Ihre eigenen Leistungen. Sie wecken in ihm den Ansporn, sich auf positive Weise bei Ihnen zu revanchieren.

Nutzen Sie die Regeln der Anerkennungskunst.

Das Spenden von Anerkennung ist also nicht nur eine besonders wichtige Aufgabe, sondern auch eine besonders anspruchsvolle. Sie setzt vieles voraus, was im Kern zur Lebenskunst und zu einem klugen Umgang mit Menschen zählt: eine wohlwollende Grundeinstellung zu Menschen, einen wachen Blick für die Begabungen und das Können anderer und die Fähigkeit, sich in die Lage und Gefühle eines Partners zu versetzen und die Bedeutung seiner Leistung zu erkennen und treffend zu beschreiben.

Die folgenden Empfehlungen sollen es Ihnen so leicht wie möglich machen, in dieser Kunst zu einem echten Könner zu werden.

- *Weniger Hemmungen:* Grübeln Sie nicht endlos nach, wie Ihre liebenswürdige Bemerkung ankommen könnte. Anerkennung ist stets erwünscht. Ein herzliches Kompliment hat noch nie eine Beziehung zerstört!
- *Ehrlichkeit:* Oberflächliche oder gespielte Anerkennung wird schnell durchschaut. Und nicht nur das: Sie ist an sich ungehörig. Verzichten Sie deshalb auf sinnlose Anerkennungsfloskeln, wenn Sie in Wahrheit der Überzeugung sind, dass an dieser Stelle ein Lob völlig unangemessen wäre.
- *Suchen Sie nicht nach Hürden, wo keine sind:* Fast immer reichen ein liebenswürdiges Wort und ein freundliches Lächeln, um Ihrem Partner Ihre Wertschätzung zu zeigen. Niemand erwartet von Ihnen Texte, die ins literarische Weltkulturerbe eingehen.
- *So speziell wie möglich:* Sagen Sie Ihrem Gesprächspartner ganz konkret, was Sie an ihm beeindruckt. Je spezieller Ihre Aussage ist, desto deutlicher beweisen

Sie ihm, dass Sie über ihn nachgedacht haben und dass Sie wissen, wovon Sie sprechen.

- *Entwickeln Sie eine Ideenliste:* Fangen Sie nicht jedes Mal aufs Neue an, nach Anerkennungsanlässen zu suchen. Schreiben Sie auf, wozu Sie einem Partner gratulieren können – erreichte Ziele, gelöste Probleme, gute Ideen, richtige Vorhersagen, besondere Fähigkeiten, außergewöhnliches Verhalten, Daten der Arbeit und Zusammenarbeit. Es gibt so viele Möglichkeiten!
- *Nutzen Sie das tägliche Geschehen:* Zögern Sie nie mit einem Kompliment, nur weil es sich auf ein vermeintlich „kleines" Alltagsereignis bezieht. Was für den anderen entscheidet, sind Ihre Aufmerksamkeit und Liebenswürdigkeit!
- *Machen Sie den ersten Schritt:* Vielleicht arbeiten Sie in einem Umfeld, in dem Anerkennung bisher ein Fremdwort ist. Durchbrechen Sie die Mauer des Schweigens! Machen Sie sich zum Vorbild! Wie eingangs gesagt – was Sie geben, erhalten Sie zurück!

Auch der Umgang mit empfangener Anerkennung will gelernt sein!

Überlegen Sie bitte einmal: Wer Ihnen ein Kompliment macht, der möchte Sie erfreuen. Er hat Sie und Ihr Verhalten beobachtet und war positiv beeindruckt. Vielleicht hat er sogar eine Weile mit sich gerungen, ob er Ihnen seine Gedanken offenbaren soll. Nun hat er den Entschluss getroffen und wagt den Kommentar.

Betrachten Sie seine Worte deshalb als Geschenk und nicht als Belastung. Reden Sie Ihre Leistung nicht klein *(„Das war doch nichts, dafür bin ich doch da.")* und blocken Sie seine Freundlichkeit nicht ab *(„Das ist doch nicht nötig, dass Sie mir das sagen.")*. Es wäre so, als ob Ihnen jemand Blumen mitbringt und Sie verweigern die Annahme.

Akzeptieren Sie seine Anerkennung stattdessen mit offenen Armen. Bedanken Sie sich auf herzliche und liebenswürdige Weise. Zeigen Sie ihm, welche Freude er Ihnen in Wahrheit gemacht hat.

Beziehungsintelligenz-Regel Nr. 2: Machen Sie Stil und Klasse zu Ihrem Erkennungsmerkmal

Die zweite große Empfehlung im Zusammenhang mit persönlicher Beziehungsintelligenz lautet: Achten Sie auf Stil und Klasse im Umgang miteinander. Drei Tugenden spielen dabei die Hauptrolle – Freundlichkeit, Höflichkeit und Taktgefühl.

Die Bedeutung von Stil und Klasse ist enorm.

Wer glaubt, dass es sich dabei um Äußerlichkeiten oder Etiketteregeln handelt, der täuscht sich gewaltig. Freundlichkeit, Höflichkeit und Taktgefühl sind vielmehr der praktische Ausdruck einer positiven Einstellung anderen Menschen gegenüber insgesamt. Mit ihnen zeigen

Sie einem Partner, dass Sie ihn als Person schätzen (und zum Beispiel nicht nur als potenzielle Einnahmequelle), dass Sie gerne mit ihm zusammenarbeiten und dass Sie alles unternehmen werden, um diese Zusammenarbeit zu einem gemeinsamen Erfolg zu machen.

Das ist aber nicht alles. Freundlichkeit, Höflichkeit und Taktgefühl sind aus Sicht eines beruflichen Partners immer auch ein Indikator für Ihre fachliche Kompetenz. Die Begründung dafür ist ganz einfach. Das, was Sie fachlich zu leisten imstande sind, kann ein Partner von Ihnen oft nur unvollständig erfassen und beurteilen. Zum einen sieht er nur die Spitze des Eisberges, zum anderen hat vieles auch den Charakter von Versprechungen, deren Wahrheitsgehalt sich erst in der Zukunft erweisen wird. Den Grad Ihrer Liebenswürdigkeit, Zuvorkommenheit und Bemühtheit ihm gegenüber aber vermag er auf Anhieb zu erkennen. Und aus dieser Qualität des Umgangs miteinander schließt er automatisch auch auf die Qualität der Sachleistungen, die Sie ihm anbieten oder liefern.

Und Stil und Klasse hat noch einen dritten großen Nutzen. „Stil" kann übersetzt werden mit *„gleichbleibendem Verhalten in wechselnden Situationen"*. Eine der wichtigsten Wirkungen von Stil besteht damit darin, dass er einem Menschen Stabilität und, als Folge davon, Souveränität verleiht. Wer seinen Stil besitzt, der wird sich von den Widrigkeiten des Alltags nicht so schnell aus der Bahn werfen und vom Fehlverhalten anderer nicht so schnell anstecken lassen. Was auch geschieht, er hat eine klare Vorstellung davon, welche Reaktion angemessen ist und mit welchem Auftreten er Herr der Lage bleibt.

Der Wert von Stil und Klasse ist also enorm. Die folgenden Empfehlungen zeigen Ihnen, was im Einzelnen dazugehört und wie es Ihnen gelingt, andere Menschen mit Freundlichkeit, Höflichkeit und Taktgefühl für sich zu gewinnen!

Mehr tun, als üblich ist.

Eine Hauptregel lautet: *Den Durchschnitt übertreffen!* Tun Sie also in Bezug auf Freundlichkeit, Höflichkeit und Takt immer etwas mehr, als Ihr Partner es von anderen gewohnt ist und als es die reine Sachlage erforderlich erscheinen lässt.

Risikosituationen erkennen.

Stil und Klasse haben drei große Feinde: a) Hetze, b) Ärger und c) Routine. Wenn diese drei zuschlagen, dann bleibt von Freundlichkeit und Höflichkeit meist wenig übrig. Achten Sie also besonders in diesen drei Risikosituationen ganz bewusst auf Ihr Verhalten.

Kein Recht auf Unfreundlichkeit.

Es gibt tatsächlich Menschen, die für sich eine Art Recht auf Unfreundlichkeit fordern, nach dem Motto: *„Ich bin schlechter Laune, das darf ich doch wohl zei-*

gen dürfen." Absurd. Und dumm! Wer unfreundlich ist, dem wird sein Verhalten von seiner Umwelt doppelt negativ heimgezahlt. Und umgekehrt: Mit Freundlichkeit erntet man selbst Freundlichkeit, die einem sofort hilft, aus dem Stimmungstief wieder herauszukommen. Deshalb: Bewahren Sie Ihre Freundlichkeit gerade auch an den Tagen, an denen es zunächst nicht so gut läuft.

Keine Belehrungen.

Wenn etwas unhöflich wirkt, dann ist es Überheblichkeit. Verzichten Sie deshalb auf jede Form besserwisserischer, herablassender Belehrungen. Sie können einem Partner sehr wohl beibringen, dass er in einem bestimmten Punkt irrt oder vielleicht auch einen Fehler gemacht hat. Ihn aber als Trottel vom Dienst und sich selbst als Genie erscheinen lassen, das dürfen Sie nicht.

Den Namen verwenden.

Sein Name ist das Wort, das Ihr Partner am liebsten hört. Verwenden Sie seinen Namen also so oft wie möglich. Aber machen Sie daraus keine Slapstick-Nummer! Wen Sie innerhalb von zehn Minuten zwanzig Mal mit seinem Namen ansprechen, der geht Ihnen zuerst an den Kragen und sich selbst anschließend umtaufen.

Mehr Takt.

Takt heißt, dem anderen den Blick auf seine persönlichen Schwächen zu ersparen. Üben Sie sich also in Zurückhaltung. Sprechen Sie nicht einfach aus, was Sie denken. Sätze wie *„War wohl wieder ein langer Abend gestern"* oder *„Ein bisschen mehr Sport würde Ihnen auch nicht schaden"* sind ein Tabu.

Sorgfalt in der schriftlichen Kommunikation.

Achten Sie auch in der schriftlichen Kommunikation auf Stil und Klasse. Verhunzen Sie in der Anrede nicht den Namen und die Position Ihres Partners. Verzichten Sie in Briefen auf pompöse Formulierungen oder Bürokratendeutsch. Und hauen Sie E-Mails nicht zu nachlässig in die Tasten – der Empfänger spürt es!

Keine Willfährigkeit.

Ein Auftreten mit Stil und Klasse bedeutet nicht, sich anmaßenden Partnern gegenüber willfährig zu verhalten. Im Gegenteil. Es hilft Ihnen, auch in Streitsituationen die Oberhand zu behalten und sich gleichzeitig niemals zu Worten und Taten hinreißen zu lassen, die Sie später bereuen würden. *„Deutlich und hart in der Sache, souverän und stilvoll im Ton"*, so lautet das Prinzip!

Beziehungsintelligenz-Regel Nr. 3: Machen Sie sich für Ihre Mitmenschen zu einem emotionalen Gewinn

Aus gutem Grund stehen die Themen der Lebensfreude und einer positiven, unbeschwerten Stimmung in diesem Buch ganz weit vorne, um genau zu sein, sogar an erster Stelle! Je größer die eigene Lebensfreude ist, desto größer sind auch die eigene Lebensqualität und Lebensleichtigkeit.

Und genau dieser Zusammenhang begründet auch die dritte große Regel für die Entwicklung Ihrer beruflichen und privaten Partner zu Ihren Freunden und Verbündeten: Machen Sie sich für Ihre Mitmenschen zu einem emotionalen Gewinn! Schaffen Sie selbst eine heitere, fröhliche und offene Atmosphäre im Umgang miteinander!

Die erste konkrete Empfehlung muss dabei natürlich lauten, alles zu unterlassen, mit dem man zu einer der im entsprechenden Kapitel beschriebenen Nervensägen und Stimmungsräuber wird. Den anderen stören, bremsen, ängstigen, belehren, deprimieren oder als Versager dastehen zu lassen, alles das ist tabu.

Es gibt aber noch weit mehr Empfehlungen für eine gezielte und gewinnbringende Stimmungsgestaltung. Im Folgenden finden Sie eine Auswahl der wichtigsten.

Führen Sie kein Gespräch ohne Fröhlichkeit.

Die Bedeutung und Wirkung von Fröhlichkeit wird weit unterschätzt. Viele Menschen sind der Überzeugung, Fröhlichkeit sei eine Eigenschaft der Arglosen im Geiste, die privat vielleicht noch akzeptabel sei, im Berufsleben aber höchstens bei der Weihnachtsfeier etwas zu suchen hat. Wer fröhlich ist, kann gleich mit Badelatschen und Gummiente ins Büro kommen, so lautet etwa ihr Gedanke.

Falsch! Gerade im Berufsleben ist Fröhlichkeit ein zentraler Erfolgsfaktor. Mit Fröhlichkeit verändern Sie alles: Sie verwandeln ein normales Gespräch in ein besonders Ereignis. Sie holen Ihren Partner aus seiner Routine. Sie befreien ihn von negativen Gedanken und versorgen ihn mit emotionaler Energie.

Die Empfehlung „mehr Fröhlichkeit" soll natürlich nicht heißen, ab jetzt jeden Dialog mit den Worten *„Habe ich Ihnen eigentlich schon den Neuesten erzählt?"* zu beginnen. Sie bedeutet ebenso wenig, in ernsthaften Diskussionen auf einmal den Kasper zu geben oder Probleme dadurch zu lösen, dass man sie mit Worten wie *„Macht nichts, auf Regen folgt Sonnenschein"* kommentiert. Alles das wäre nicht fröhlich, sondern närrisch.

Fröhlichkeit bedeutet vielmehr, der eigenen Kommunikation mehr Leichtigkeit zu verleihen! Eine humorvolle Bemerkung, ein Augenzwinkern, eine aufmunternde Geste – oft genügen Kleinigkeiten, um den anderen zu motivieren und in eine positive Verfassung zu bringen. *Heiter statt besorgt, gelassen statt verbissen, entschlossen statt furchtsam,* so kann man das Wesen der Fröhlichkeit am besten beschreiben!

Lernen Sie zuzuhören.

Geradezu ein Zaubermittel ist Zuhören! Wem Sie eine Viertelstunde lang in Ruhe zuhören, den versetzen Sie nicht nur in Hochstimmung, sondern Sie begeistern ihn restlos. Aus seiner Sicht verbringt er gerade die inspirierendsten fünfzehn Minuten der letzten Jahre. Das, was er dabei über Sie denkt, wird er der Welt anschließend voller Enthusiasmus und mit geradezu missionarischem Eifer mitteilen: *„Was für ein interessanter und intelligenter Gesprächspartner!“*

Das klingt übertrieben? Mitnichten! Wem Sie zuhören, dem liefern Sie einen Beweis größter persönlicher Wertschätzung. Sie nehmen sich für ihn Zeit. Sie zeigen ihm, dass Sie sich für seine Lage interessieren. Sie geben ihm die Gelegenheit, seine Gedanken und Gefühle ungestört zu präsentieren. Ein schöneres Geschenk können Sie einem Menschen kaum machen.

Entsprechend groß ist der Nutzen für Sie selbst. Erstens beruflich: Sie gewinnen die Zuneigung Ihres Partners. Sie erhalten von ihm Informationen, die anderen verschlossen bleiben. Und Sie stoßen bei ihm auf offene Ohren, wenn Sie selbst einmal über Ihre eigenen Anliegen sprechen möchten. Zweitens privat: Wenn es eine Voraussetzung für eine harmonische Beziehung gibt, dann ist es das Zuhören-Können! *„Du hörst mir nicht zu“*, dürfte in Partnerschaften der Vorwurf-Klassiker schlechthin sein. Beschließen Sie deshalb, sich zu einem der besten Zuhörer überhaupt zu entwickeln! Hier einige hilfreiche Regeln dafür:

- *Empathie:* Zuhören ist eine aktive Tätigkeit! Lächeln Sie den anderen deshalb häufiger an. Nicken Sie ihm zwischendurch zu. Sagen Sie ein zustimmendes Wort. Achten Sie auf Augenkontakt. Wenn Sie einfach nur regungslos dasitzen, hat Ihr Partner das Gefühl, mit jemandem aus Madame Tussauds Wachsfigurenkabinett zu reden.
- *Nicht dazwischenreden:* Viele Menschen verspüren einen geradezu zwanghaften Drang, angefangene Sätze anderer überfallartig zu vollenden. Kaum holt ihr Partner kurz Luft, fallen sie ihm ins Wort. Aber leider, was sie auch sagen, es hat niemals auch nur das Geringste mit dem zu tun, was er im Sinn hatte. Also – mehr Disziplin und Zurückhaltung.
- *Sinnvolle Antworten:* Wie gut Sie zuhören, merkt Ihr Partner spätestens dann, wenn Sie ihm antworten. Gehen Sie also auf seine Aussagen ein! Reden Sie nicht an ihm vorbei. Sagen Sie auch nicht einfach nur *„Ja, stimmt“*, um dann sofort mit Ihren eigenen Themen zu beginnen.
- *Schwätzer bremsen:* Zuhören bedeutet nicht, sich von einem Dauerredner den Tag ruinieren zu lassen. Sagen Sie bei solchen Begegnungen von Anfang an, dass Sie im Augenblick leider nur wenig Zeit haben. Sollte der andere nicht aufhören zu reden, dann gehen Sie kurz auf einen (!) ausgewählten Punkt ein. Verabschieden Sie sich danach höflich, aber bestimmt.

Lassen Sie Ihren Partner nicht warten.

Es gibt eine Super-Methode, um die Stimmung eines Menschen zu ruinieren und ihn gegen sich aufzubringen: Sie brauchen ihn nur lange genug warten zu lassen!

Wer lange warten muss, der wird zuerst unruhig, dann nervös und anschließend verzweifelt. Zum Schluss erfüllt ihn blanke Wut. Das Einzige, worüber er in diesem Zustand noch nachdenkt, ist, wie er Ihnen seine Situation auf möglichst schmerzhafte Weise heimzahlen kann. Von einer bestimmten Wartedauer an ist es deshalb auch ratsam, sich bei ihm überhaupt nicht mehr blicken zu lassen und für die weitere Kommunikation einen Emissär zu engagieren.

Im Berufsleben ist Warten also schlimm. Noch schlimmer ist es im Privatleben. Ich kenne Männer, die in ihrem Auto fast verhungert sind, während ihre Frauen „nur noch mal schnell" etwas aus dem Haus holen wollten! (Natürlich hätte ich an dieser Stelle sehr gerne auch ein Beispiel dafür gebracht, bei welchen Gelegenheiten Frauen auf ihre Männer warten müssen. Mir ist bloß leider nichts eingefallen. Aber ich bin sicher, das liegt nur an meiner beschränkten männlichen Wahrnehmungsfähigkeit!)

Tun Sie deshalb alles, um anderen Menschen das Warten zu ersparen: Machen Sie realistische Termine, die Sie einhalten können. Fahren Sie etwas früher zu Ihren Treffen. Geben Sie per Handy eine Zwischenmeldung, wenn Sie überraschend aufgehalten werden. Und wenn ein Partner doch einmal warten musste, dann entschuldigen Sie sich bei ihm so liebenswürdig und höflich wie möglich!

Schaffen Sie ein stimulierendes Umfeld.

Vor vielen Jahren hatte ich einmal ein geschäftliches Treffen, das hell begann und düster endete. Mein Partner war ein sympathischer Herr, Leiter eines wichtigen Geschäftsbereiches eines bekannten Unternehmens. Ort des Treffens war ein großes Hotel. Den ersten Teil der Besprechung verbrachten wir im Restaurant. Die Einrichtung war schick, der Service prima und das Essen vorzüglich. Wir waren bester Laune und kamen in Riesenschritten voran! Für den zweiten Teil hatte mein Partner einen kleinen Konferenzraum reserviert, ohne ihn zuvor gesehen zu haben. Kaum hatten wir den Standort gewechselt, waren wir unsere Stimmung und unser Denkvermögen auch schon los. Der Raum war ein Fall für die Genfer Konvention. Kleine, schmale Fensterchen. Glühbirnen, die Dunkelheit statt Helligkeit abgaben. Die Wände irgendwie lilahellgrau gestrichen. Der Teppichboden in einem psychedelischen Farbmuster, das selbst ein manisch-depressiver Künstler unter massivem Drogeneinfluss nicht verworrener hätte hinbekommen können. Da das Hotel ausgebucht war und die Eingangshalle einem Bienenstock glich, beschlossen wir, unser Gespräch zwei Wochen später bei einer anderen Gelegenheit fortzusetzen. Die einzig richtige Entscheidung!

Das Beispiel zeigt, worum es geht. Wenn Sie die Stimmung Ihres Partners (und Ihre eigene) erhalten wollen, dann achten Sie auf ein motivierendes Umfeld: ausreichende Helligkeit statt einer Schummerbeleuchtung wie im Nachttierhaus des Berliner Zoos. Angenehme Temperaturen statt einer Klimaanlage, die alle Anwesenden schockfrostet. Gute Raumaufteilung statt einer Sitzordnung, bei der Ihr Partner auf ein helles Fenster starrt und Sie davor nur noch als Schattenriss wahrnehmen kann.

Den zusätzlichen Hinweis darauf, wie entscheidend ein schönes, stimulierendes Umfeld im Privatleben ist, benötigen wir an dieser Stelle sicher nicht mehr. Im Privatleben weiß jeder, dass Umfeldgestaltung und Zielerreichung direkt miteinander korrelieren.

Machen Sie Mut!

Wir alle leben in turbulenten, instabilen Zeiten. Genau aus diesem Grund ist Mutmachen eine der größten Leistungen, die Sie für einen Partner erbringen können!

Die Wirkung ist gigantisch: Sie reduzieren seine Selbstzweifel. Sie spenden ihm Kraft für neue Taten. Sie versetzen ihn in eine optimistische Stimmung. Und Sie liefern ihm ausreichende Stabilität, um sich an ihn anlehnen zu können, wenn Sie einmal selbst Motivation benötigen! Wenn es also einen positiven Gegenentwurf zu den genannten Nervensägen und Stimmungsräubern gibt, dann sind es Menschen, die ihren beruflichen und privaten Partnern Mut machen!

Treten Sie deshalb immer als zuversichtliche, motivierende Persönlichkeit auf, insbesondere gerade dann, wenn Ihr Partner die Welt nur noch in Grautönen sieht: Erinnern Sie ihn daran, was er schon alles erreicht hat. Zeigen Sie ihm, wie weit er mit bestimmten aktuellen Vorhaben bereits gekommen ist. Diskutieren Sie mit ihm nicht nur über seine Probleme, sondern auch über seine Chancen. Lenken Sie seinen Blick auf das, was im Augenblick gut für ihn läuft und was ihm allen Grund gibt, optimistisch in die Zukunft zu blicken!

10. Werden Sie zu einem Könner im Umgang mit Kritik

Kritik ist immer kritisch! Der Hauptgrund besteht darin, dass Kritik stets ambivalent ist. Sie kann fördern oder verletzen. Sie kann aufbauen oder zerstören. Sie kann angemessen und zutreffend sein oder überzogen und verlogen. Auch die Wahrnehmung von Kritik wechselt je nach Perspektive. Was dem Kritiker als stets steinerne Wahrheit erscheint, ist für den Kritisierten oft genug nichts als blühender Unsinn. Bereits an dieser Stelle wird also deutlich, wie wichtig die Fähigkeit zu einem klugen und gekonnten Umgang mit Kritik für den eigenen Erfolg und die eigene Lebensqualität ist. Die nächste Lebenskunst-Strategie lautet daher: Machen Sie sich zu einem Könner im Umgang mit Kritik.

Deutschland ist das Paradies aller Kritiker!

Wie selten hierzulande Anerkennung ist, habe ich ja im Zusammenhang mit „Beziehungsintelligenz“ ausführlich beschrieben. *„Wer in Deutschland jemanden lobt, gilt für die meisten Beobachter entweder als Narr oder aber als Lügner“*, so lautete einer der Einleitungssätze.

Ganz anders ist hierzulande jedoch die Position des Kritikers. Er muss so gut wie nie befürchten, von Außenstehenden schiefe Blicke zu ernten. Im Gegenteil: Eine Aussage kann noch so widersinnig sein, solange sie als Kritik daherkommt, werden ihr freie Fahrt und wilder Beifall geschenkt.

Denken Sie beispielsweise an die übliche Reaktion auf Problemlösungsvorschläge. Ob in der Politik, im Wirtschaftsleben oder im privaten Umfeld, kaum hat jemand eine Idee geäußert, schmettert der Kritikerchor auch schon sein Lied. Die Texte sind immer die gleichen: *„Das funktioniert aber nicht immer, das funktioniert aber nicht bei jedem, das funktioniert aber nicht überall.“* Da im Leben nichts „immer, bei jedem und überall“ funktioniert, ist diese Kritik völlig sinnlos und inhaltsleer – und wird doch von Dritten fast immer mit zustimmendem Kopfnicken begleitet. (Wenn Sie noch mehr über das Wesen notorischer Kritiker erfahren wollen, dann lesen Sie den entsprechenden Abschnitt im Kapitel „Halten Sie sich Nervensägen und Stimmungsräuber vom Leibe“.)

Betrachten Sie beide Seiten von Kritik

Es lohnt sich also, über den klugen Umgang mit Kritik nachzudenken. Zwei Fragen stehen im Vordergrund.

Erstens: *Wie sollten Sie sich verhalten, wenn Sie der Empfänger der Kritik sind?* Wie verhindern Sie, dass Ihnen falsche oder böswillige Kritik die eigene Kraft und Stimmung raubt? Und wie gelingt es Ihnen, die positiven und wertvollen Anregungen zu erkennen, die in kritischen Kommentaren enthalten sind?

Zweitens: *Wie sollten Sie sich verhalten, wenn Sie der Lieferant der Kritik sind?* Wie vermeiden Sie, in die negativen Reaktionsmuster der Dauerkritiker zu verfallen? Und wie können Sie einem Partner mit einem kritischen Rat Unterstützung liefern, ohne ihn zu verletzen und die Beziehung zu zerstören?

Die folgenden Empfehlungen sollen Ihnen helfen, beide Fragen zu beantworten. Lassen Sie uns mit der ersten beginnen!

Planen Sie Kritik grundsätzlich mit ein

Mit Kritik ist es (aus gutem Grund) ähnlich wie mit Ärger: Sie wirkt umso härter, je mehr man von ihr überrascht wird. Planen Sie Kritik deshalb stets mit ein. Was Sie auch tun, was Sie auch sagen, was Sie auch leisten, es wird sich immer jemand finden, der Ihnen erklärt, was Sie anders oder besser hätten machen können. Je weniger überrumpelt Sie sich fühlen, desto gelassener werden Sie reagieren und desto besser wird es Ihnen gelingen, zwischen einem dummen Spruch und einem klugen Rat zu unterscheiden.

Betrachten Sie Kritik als Chance

Wie gesagt, kaum etwas kommt Menschen so leicht über die Lippen wie Kritik. Das bedeutet aber noch lange nicht, dass jede kritische Bemerkung falsch ist. Oder inhaltsleer. Oder boshaft.

Lehnen Sie Kritik an Ihnen, an Ihrem Verhalten und an Ihren Leistungen deshalb nicht grundsätzlich ab. Wischen Sie die Äußerung des anderen nicht einfach vom Tisch. Entrüsten Sie sich nicht. Reagieren Sie weder als Mimose, die alles persönlich nimmt, noch als Rächer der Enterbten, der nach einer kritischen Bemerkung sofort einen Feldzug in eigener Sache startet.

Lassen Sie die Kritik vielmehr erst einmal ruhig auf sich wirken. Akzeptieren Sie, dass auch ein anderer Mensch das Recht hat, seine Meinung zu sagen. Und betrachten Sie es als möglich, dass auch er etwas von der betreffenden Angelegenheit versteht.

Überlegen Sie also, welche Substanz seine Aussage hat, in welchem Zusammenhang er sie gemacht hat und was Sie aus ihr lernen können. Nutzen Sie die Gelegenheit, um mehr über sich und Ihre Wirkung auf andere zu erfahren. Mit einem Satz: Betrachten Sie eine hilfreiche Empfehlung nicht als unangenehme Belehrung!

Geben Sie Ihren Freunden eine Chance

Geben Sie insbesondere Ihren guten und wohlgesinnten Partnern die Freiheit, sich Ihnen gegenüber offen und ehrlich zu äußern. Stricken Sie nicht an Ihrer persönlichen Dolchstoßlegende, wenn ein enger Kollege Sie auf einen Fehler aufmerksam macht. Geraten Sie nicht in Verbitterung, wenn Ihr Lebenspartner eine Veränderung von Ihnen erbittet. Die Äußerungen fremder Menschen können Ihnen letztlich egal sein. Die Gedanken Ihrer Familie, Freunde und guten Kollegen sollten Sie aber wach und wohlwollend beachten!

Haken Sie unberechtigte, übertriebene oder verletzende Kritik einfach ab

Ein respektvoller Hinweis auf einen Fehler oder eine Verbesserungsmöglichkeit ist den meisten von uns willkommen. Kritik im Sinne einer verletzenden Bemerkung oder eines persönlichen Angriffs vermag dagegen auch stabile Personen zu erschüttern. Der Grund dafür ist weniger die mangelnde inhaltliche Qualität der betreffenden Aussage als vielmehr die mit ihr verbundene Bösartigkeit und Ungerechtigkeit. Gerade für Negativkritik dieser „gemeinen" Art benötigen Sie Verhaltensregeln, um sich von ihr nicht umhauen zu lassen.

☼ Lassen Sie sich den Affen nicht auf die Schulter setzen.

Grübeln Sie bei ungerechtfertigter oder gar bösartiger Kritik nicht lange nach, ob Sie nicht vielleicht doch etwas falsch gemacht haben und was der Auslöser für den Negativkommentar gewesen sein könnte. Es wäre reine Zeitverschwendung und Sie würden dem anderen damit nur einen Gefallen tun. Machen Sie sich vielmehr bewusst, dass es tausend Gründe gibt, aus denen unsinnige oder gehässige Kritik erwachsen kann – Neid, Dummheit, Arroganz, Besserwisserei. Oder eigener Misserfolg desjenigen, der sie äußert. Der bereits im Zusammenhag mit dem Thema der persönliche Zufriedenheit zitierte Jean de la Bruyère trifft es auch an dieser Stelle ganz genau: *„Wenn du genau darauf achtest, welche Leute nicht zu loben vermögen, nur immer tadeln, mit niemandem zufrieden sind, so wirst du bemerken, dass es stets die sind, mit denen niemand zufrieden ist.“* Brillant erkannt!

Bleiben Sie cool.

Erregen Sie sich gar nicht erst über die Unfairness des anderen. Beginnen Sie keine langen Diskussionen. Und versuchen Sie insbesondere nicht, den anderen mit langen Erklärungen dazu zu bringen, seine Worte zurückzunehmen. Das würden Sie schon deshalb nicht schaffen, weil er Sie ja schließlich kritisieren möchte. Reagieren Sie vielmehr so knapp wie möglich. Zeigen Sie ein leichtes Lächeln. Demonstrieren Sie mit einer kurzen Bemerkung, dass Sie über den Dingen stehen und sich von ihm nicht beirren lassen: *„Nun, hier gibt es offensichtlich zwei Meinungen. Ich habe die meine.“*

Gehen Sie in die Offensive!

Ein Hauptmerkmal ungerechtfertigter Kritik besteht darin, dass sie in der Form von Überschriften und Allgemeinplätzen daherkommt. Sollte Ihr Gesprächspartner nicht lockerlassen, so gibt es deshalb eine Frage, mit der Sie ihn schlagartig zum Verstummen bringen. Sie lautet: *„Was meinen Sie mit Ihrer Aussage im Einzelnen?"*

Der große Vorteil dieser Frage ist, dass Sie mit ihr in die Offensive gehen und Ihren Widersacher in einen Begründungszwang für seine Aussage bringen. Und genau diese Begründung wird er nicht liefern können – eben weil er seine Kritik ja nur aus dem Grund geäußert hat, um etwas Negatives zu sagen, und nicht, weil es einen echten Anlass dafür gegeben hat.

Denken Sie daran, dass Erfolg und Kritik gemeinsam wachsen.

Erfolg zieht alle Blicke auf sich. Wem nichts gelingt, den lässt man in Ruhe. Wer seine Ziele erreicht, der wird argwöhnisch beäugt (und beneidet!). Wollen Sie aber etwa auf Ihre Erfolge verzichten, nur um künftig weniger kritisiert zu werden? Das hieße, den Narren das Feld zu überlassen!

Bewahren Sie in schwierigen Gesprächen die Balance

Speziell im Berufsleben wird die Kritik natürlich auch immer wieder einmal von Personen kommen, von denen Sie auf die eine oder andere Weise abhängig sind und bei denen Sie vielleicht nicht ganz so direkt reagieren können wie sonst. Wie können Sie sich in solchen Situationen am besten verhalten?

Falls es sich bei der Kritik um einen berechtigten Hinweis oder ernsthaften Rat handelt, so gibt es nur eine angemessene Verhaltensweise: Bedanken Sie sich! Zeigen Sie Ihrem Partner, dass Sie ihn verstanden haben und dass er Ihnen mit seinem Kommentar geholfen hat.

Was aber, wenn Sie das Gefühl haben, dass die Kritik falsch oder übertrieben ist oder gar rein abwertenden Charakter hat? Selbst wenn Ihre Machtmöglichkeiten eingeschränkt sind, so gibt es doch hilfreiche Regeln.

Mehr Gelassenheit.

Nehmen Sie sich die Angelegenheit nicht zu stark zu Herzen. Es lässt sich nicht vermeiden, manchmal ist Ungerechtigkeit der Welt Lohn. Und bei nüchterner Betrachtung wird es sich meist auch um Themen handeln, bei denen es sich nicht lohnt, sich aufzuregen oder die Laune verderben zu lassen.

Achten Sie auf die Form.

Bleiben Sie immer höflich. Mit einem Verhalten mit Stil und Klasse nehmen Sie den meisten Angreifern schnell den Wind aus den Segeln.

Fangen Sie nicht sofort an, zu widersprechen und zu diskutieren.

Lassen Sie den anderen erst einmal in Ruhe ausreden. Wen Sie unterbrechen, der wird seine Position höchstens noch vehementer vertreten. Und umgekehrt, auch ungestüme Gegner verwandeln sich oft in liebenswürdige Partner, wenn man ihnen zuhört und ihnen damit zeigt, dass man sie ernst nimmt.

Vermeiden Sie Willfährigkeit einerseits und unnötige Auseinandersetzungen anderseits.

Nehmen Sie die Aussagen des anderen also nicht einfach nur hin, sondern schildern Sie knapp und präzise auch Ihre Sicht der Dinge. Zeigen Sie Ihrem Partner gleichzeitig, dass Sie seine Meinung akzeptieren: *„Ich begreife, was Sie mir sagen."* Besser ein unangenehmer Kompromiss, mit dem die Angelegenheit abgeschlossen ist, als ein unerträglicher Streit, von dem Sie nicht wissen können, wohin er noch führt.

Bitten Sie um einen Lösungsvorschlag.

Auf diese Weise entschärfen Sie nicht nur das Gespräch in der Gegenwart. Sie erhöhen zudem die Wahrscheinlichkeit, künftige Kritik so gering wie möglich zu halten. Wem Sie die Gelegenheit geben, Ihnen zu helfen und Ihnen einen Rat zu geben, der wird eher an Ihrem Erfolg als an Ihrem Misserfolg interessiert sein – eben auch deshalb, weil er möchte, dass sein Rat ein guter Rat war!

Handeln Sie besonnen und umsichtig, wenn Sie selbst der Kritiker sind

Klugheit und Umsicht sind aber ganz besonders auch dann erforderlich, wenn Sie selbst derjenige sind, der die Kritik liefert. Die folgenden Empfehlungen sollen Ihnen helfen, Ihre Kritik so zu formulieren, dass sie beim Empfänger ankommt und eine positive Reaktion bei ihm auslöst!

Achten Sie auf die Funktion.

Bedenken Sie, wozu Kritik da ist: Kritik hat drei mögliche Aufgaben: Sie soll ein aktuelles Problem lösen. Sie soll ein künftiges Problem präventiv vermeiden. Sie soll dem anderen eine Unterstützung liefern. Punkt.

Bedenken Sie, wozu Kritik nicht da ist: Sie dient nicht dazu, sich selbst in Szene zu setzen, sich über den anderen zu erheben und ihm zu zeigen, wie unfähig und inkompetent er ist. Sie hat insbesondere auch nicht die Funktion, Rache zu üben für die Kritik, der man selbst ausgesetzt ist.

Äußern Sie Ihre Kritik behutsam.

Hauen Sie dem anderen Ihre Worte nicht wie Backpfeifen um die Ohren. Vermeiden Sie jede Form der Arroganz und Besserwisserei. Sagen Sie deutlich und präzise, worum es sachlich geht, aber degradieren und verletzen Sie Ihren Partner niemals. Er würde es niemals vergessen und er würde es Ihnen niemals verzeihen!

Keine Kleinkariertheiten.

Sie werden im Leben genügend wichtige oder notwendige Anlässe für Kritik finden. Sehen Sie deshalb über kleinere Fehler anderer hinweg. Niemand mag Dauerkritiker, Besserwisser, Oberlehrer und Menschen, deren Hauptbeschäftigung darin besteht, Korinthen abzusondern.

Mehr Disziplin.

Achten Sie besonders bei Kritik im privaten Umfeld auf die Unterlassung jeder negativen Bemerkung, von der Sie wissen, dass sie bei Ihrem Partner doch keine positive

Veränderung bewirkt. Wenn im Privatleben etwas einen Fortschritt bringt, dann sind es keine Kritik und Vorwürfe, sondern Charme und Komplimente!

Ersparen Sie sich und allen anderen die Floskel von der „konstruktiven" Kritik.

Ihr Partner und alle anderen Anwesenden erfassen innerhalb von wenigen Sekunden, welche Qualität Ihre Kritik hat – sachlich, angemessen, zielorientiert und auf eine Lösung gerichtet oder aber eben nicht. Achten Sie deshalb lieber auf die Einhaltung dieser Kriterien, anstatt aus Gedankenlosigkeit das Gegenteil zu tun und dabei zu hoffen, dass die Erwähnung des Wortes „konstruktiv" den zerstörerischen Charakter Ihrer Aussagen abmildern oder kaschieren könnte.

Achten Sie auf das richtige Timing.

Prüfen Sie erst die Lage, bevor Sie anfangen zu kritisieren. Vielleicht war Ihr erster Eindruck falsch und alles ist in Ordnung oder Ihr Partner ist für den Vorfall gar nicht verantwortlich. Kritisieren Sie zudem insbesondere niemanden, während er unter Druck ist oder wenn er gerade eine Energie raubende Kraftarbeit hinter sich hat. Es wirkt wie ein Überfall, es ist unfair und es bringt in letzter Konsequenz nur Verbitterung und Streit. Gönnen Sie ihm vielmehr erst eine Erholungspause. Sprechen Sie erst anschließend mit ihm über die eventuell notwendigen Veränderungen.

Achten Sie auf Diskretion.

Führen Sie Kritikgespräche nach Möglichkeit immer unter vier Augen. Vermeiden Sie Tadel vor Dritten. Inszenieren Sie keine demütigende Theatervorstellung nach dem Motto: *„Alle mal herkommen, jetzt wird Herr XY zur Schnecke gemacht!“*

Bereiten Sie sich vor.

Ganz wichtig! Überlegen Sie zuerst, was Sie mit Ihrer Kritik überhaupt erreichen möchten: Um was geht es Ihnen ganz konkret? Was wollen Sie verändern, verhindern oder verbessern? Kritik ohne Ziel ist sinnlos und wirkt immer verletzend. (Und erinnern Sie sich daran, „Dampf ablassen“ ist zum Beispiel kein echtes Ziel von Kritik!)

Verwandeln Sie Ihre Kritik in Unterstützung.

Es ist klar, dass diese Regel den Abschluss bilden muss! Sagen Sie Ihrem Partner nicht nur, was Sie für falsch halten, sondern helfen Sie ihm gleichzeitig immer, künftig ein besseres Ergebnis zu erzielen. Geben Sie ihm eine plausible Begründung für Ihre Kritik. Liefern Sie ihm einen konkreten Lösungsvorschlag. Sagen Sie ihm, was er selbst davon hat, wenn er Ihrer Empfehlung folgt. Und schenken Sie ihm ein liebenswürdiges Wort der Anerkennung, wenn Sie feststellen, dass er Ihren Rat beherzigt und erfolgreich umgesetzt hat!

Mehr Freiheit

11. Verleihen Sie Ihrer Freiheit oberste Priorität

Wenn es einen Schlüsselfaktor für ein erfolgreiches, glückliches und unbeschwertes Leben gibt, dann ist das persönliche Freiheit und Selbstbestimmung! Nur mit ihnen ist es möglich, das eigene Leben so zu gestalten, wie man es wirklich möchte, die eigenen Wünsche und Vorhaben in die Tat umzusetzen und sich seine Lebensfreude und Lebensleichtigkeit auf Dauer zu erhalten. Der kluge und gekonnte Umgang mit dem eigenen Leben beruht also immer auf einem klugen und gekonnten Umgang mit der eigenen Freiheit!

Genau hier aber liegt bereits das Problem. Kaum eine Aufgabe erscheint in der heutigen Zeit anspruchsvoller als die, die eigene Freiheit und Selbstbestimmung zu schützen und zu fördern. Gründe gibt es viele. Nehmen Sie zum Beispiel die Entwicklungen, die bei vielen Menschen auch das Stressgefühl massiv verstärken – eine Berufswelt, die sich immer schneller dreht, ein Privatleben, das immer komplexer erscheint, oder eine Veränderungsgeschwindigkeit, die immer höher wird.

Schenken Sie Ihrer Freiheit deshalb größte Beachtung. Gehen Sie mit ihr so aufmerksam und sorgfältig wie möglich um. Tun Sie alles, was in Ihrer Macht steht, um sie sich von anderen nicht rauben zu lassen und, besonders wichtig, beschränken oder gefährden Sie Ihre Freiheit und Unabhängigkeit auch nicht selbst. Um welche Größenordnung es dabei geht, sagte der spanische Jesuitenpater und Weisheitslehrer Balthasar Gracián bereits im 17. Jahrhundert ganz genau: *„Die Freiheit ist kostbarer als jedes Geschenk, das dich verleiten mag, sie aufzugeben."*

Freiheits-Regel Nr. 1: Definieren Sie, was Freiheit für Sie bedeutet

Viele Menschen geraten beim Umgang mit ihrer Freiheit deshalb ins Stolpern, weil sie zu wenig darüber nachdenken, was „Freiheit" für sie konkret bedeutet. Entweder sie belassen es bei einem allgemeinen, abstrakten Freiheitsbegriff oder aber sie beschränken ihre Definition auf so etwas wie „mehr Geld haben".

Freiheit hat aber immer eine sehr praktische Bedeutung und zudem weit mehr als nur eine Dimension. Es geht neben der *finanziellen Freiheit* auch um *zeitliche Freiheit*, um *Wahl- und Entscheidungsfreiheit*, um *Handlungs- und Gestaltungsfreiheit*, um *Denk- und Meinungsfreiheit* und um die *innere Freiheit* gegenüber äußeren Einflüssen oder Manipulationsversuchen. Und jeder dieser Aspekte sollte beachtet werden, unter anderem schon deshalb, weil bestimmte Freiheitsarten durchaus auch in Konkurrenz zueinander geraten können. Der Versuch, die finanzielle Freiheit zu erhöhen, geht beispielsweise fast immer einher mit der Gefahr, parallel dazu seine zeitliche Freiheit zu verringern. Und erst wenn es gelingt, eine Balance zwischen den verschiedenen Dimensionen von Freiheit zu schaffen, ist echte Freiheit gewonnen.

Formulieren Sie deshalb als Erstes Ihre persönlichen Freiheitsziele! Überlegen Sie, was Freiheit für Sie konkret bedeutet und auf welchen Gebieten Sie künftig ein höheres Maß an Freiheit und Unabhängigkeit gewinnen möchten. Hier sind die Fragen, die Ihnen dabei helfen:

- In welchen Lebensbereichen möchten Sie insgesamt einen höheren Grad an Freiheit gewinnen? Wo fühlen Sie sich im Augenblick zu sehr eingeschränkt, fremdbestimmt und abhängig?
- In welcher Hinsicht wollen Sie Ihre Freiheit auf dem betreffenden Gebiet erhöhen: Wollen Sie mehr Zeit? Mehr Eigenverantwortung? Mehr Einfluss? Mehr Geld?
- Um wie viel wollen Sie Ihre Freiheit in Bezug auf diesen Aspekt erhöhen? Was bedeutet zum Beispiel „mehr Zeit“ oder „mehr Einfluss“ ganz genau?
- Wofür wollen Sie Ihre gewonnene Freiheit dann nutzen? Was soll sie Ihnen bringen?
- Und schließlich: Mit welchen Schritten und Maßnahmen gelingt es Ihnen, Ihre jeweiligen Freiheitsziele zu verwirklichen?

Freiheits-Regel Nr. 2: Schöpfen Sie Ihre Machtmöglichkeiten aus

Viele Menschen klagen mit größtem Einfallsreichtum und beeindruckender Überzeugungskraft über fehlende Freiheit. Die Beschwerdeliste ist lang: Im Berufsleben dominieren Sachzwänge, im Privatleben herrscht Fremdbestimmung, die eigene Zeit reicht nie und die eigenen Finanzmittel genügen erst recht nicht. Mauern und Grenzen, wohin der Blick auch fällt.

Ganz anders sieht es aber aus, wenn man ihnen im Gegenzug die Frage stellt, wie sie ihre vorhandenen Möglichkeiten und Spielräume nutzen und ausschöpfen werden. Dann ist von Kreativität und Einsatzfreude auf einmal nichts mehr zu spüren. Was ihnen auch an Ideen und Vorschlägen geliefert wird, die einzige Antwort, die man von ihnen hört, lautet: *„Bringt nichts, lohnt sich nicht, genügt nicht."* Diese Menschen gleichen Personen, die eine Urlaubsreise nur deshalb nicht antreten, weil sie wissen, dass sie nach vierzehn Tagen wieder zurückkommen müssen.

Verhalten Sie sich anders! Verharren Sie nicht vor den Türen, die Ihnen verschlossen sind, sondern gehen Sie durch die, die Ihnen offenstehen. Unterschätzen und vernachlässigen Sie nie, wie viele Machtmöglichkeiten Sie im Leben haben und wie groß diese in Wahrheit sind. Nutzen Sie Ihren Handlungsspielraum konsequent aus. Denken Sie daran, dass Veränderungen und Verbesserungen immer mit einem ersten Schritt beginnen und dass nach jedem Schritt eine neue Bedingungslage herrscht, die Ihnen Möglichkeiten gibt, die vorher nicht zu sehen waren. Vieles ist dabei eine reine Entschlusssache. Anderes können Sie einfach versuchen. Nur wenn Sie es nicht einmal ausprobieren, dann haben Sie tatsächlich keine Chance. Der preußische General und Militärtheoretiker Carl von Clausewitz brachte es vor rund zwei Jahrhunderten genau auf den Punkt: *„Wer über dem Unmöglichen das Mögliche versäumt, ist ein Tor."*

Freiheits-Regel Nr. 3: Gönnen Sie sich eine eigene Meinung

Es gibt Menschen, die haben den Eiertanz zur Kunstform erhoben. Was sie auch tun oder sagen, auf einen Schritt vorwärts folgen zwei nach links, einer zurück und dann wieder zwei nach rechts. Zum Schluss kommt noch ein Hüpfer um die eigene Achse. So haben sie sich zwar bewegt, aber jedes Risiko vermieden, sich zu weit vorzuwagen. Dort könnte ja Unheil lauern! Natürlich haben diese Menschen auch eine Lieblingsspeise. Es ist der heiße Brei. Vor dem können sie stundenlang sitzen und ihn einfach nur anblicken. Manchmal pusten sie auch ein wenig. Erst wenn er Zimmertemperatur erreicht hat, heben sie vorsichtig den Löffel. Dann legen sie ihn aber gleich wieder hin. Sie könnten sich ja vielleicht doch verbrennen!

Mit anderen Worten: Viele Menschen haben größte Hemmungen, offen und direkt ihre Meinung zu sagen. Das trauen sie sich nicht. Das Thema spielt dabei keine Rolle. Ob es darum geht, die eigenen Interessen zu vertreten, die eigenen Positionen und Rechte zu schützen, sich nicht alles gefallen zu lassen oder aber auch eine Idee, einen Rat oder eine Kritik zu äußern – was es auch ist, stets tauchen Befürchtungen auf, noch ehe ihnen das erste Wort über die Lippen kommt. *„Was könnte der andere denken, was könnte er tun, was könnte mir passieren, wenn ich das jetzt sage"*, so in etwa klingen ihre Sorgen. Und das eben nicht nur bei wirklich heiklen Themen, sondern praktisch immer.

Als Folge davon schweigen sie lieber. Oder sie wagen nur Andeutungen. Oder sie sagen sogar das Gegenteil von dem, was sie eigentlich wollen. Oder aber sie beginnen ihre Sätze mit Einleitungen, mit denen sie sich so verbiegen, dass selbst ein Gummimensch Gliederschmerzen bekäme: *„Also, ich spreche jetzt einfach einmal in den Papierkorb ..."*, *„Ich weiß natürlich selbst, dass das, was ich sage, völliger Unsinn ist ..."*, *„Wahrscheinlich ist das jetzt ein ganz schlechter Vorschlag von mir ..."*. (Besonders die Papierkorb-Floskel wird in manchen Organisationen so häufig verwendet, dass man dort inzwischen anstelle von Diktiergeräten Abfalleimer verteilt hat.)

Vermeiden Sie ein solches Verhalten! Es liefert Ihnen keine Sicherheit und es hilft Ihnen auch nicht, die Zustimmung Ihrer Gesprächspartner zu gewinnen. Im Gegenteil. Es bringt Sie in eine Verteidigungsposition, nimmt Ihnen die Überzeugungskraft und erschwert es Ihnen, Ihre Ziele zu erreichen – und raubt Ihnen damit in der Summe Ihre Freiheit!

Vertreten Sie Ihren Standpunkt stattdessen offen, klar und eindeutig. Nur das bringt Sie auf Dauer voran und nur damit erhalten Sie sich Ihre Selbstbestimmung. Die folgenden Empfehlungen helfen Ihnen dabei:

- Denken Sie daran, dass Sie ein Recht auf eine eigene Meinung haben. Wenn nicht Sie Ihre Meinung offen vertreten, wer soll es dann für Sie tun?
- Sorgen Sie sich weniger. Sie können auch unangenehme Wahrheiten aussprechen, solange Sie höflich bleiben, niemanden verletzen und (besonders wichtig!) nicht zum Rechthaber werden, der anderen mit seinen Spezialansichten den letzten Nerv raubt.
- Verzichten Sie auf eine vorauseilende Verteidigung und Unterwerfung. Wenn Sie im Einleitungssatz erklären, dass Sie nur unausgegorenen Unsinn erzählen und selbst nicht an die Qualität Ihrer Gedanken glauben, dann nimmt Sie niemand mehr ernst.
- Für ein behutsames Vorgehen gibt es zwei Möglichkeiten, die weit besser sind. Stellen Sie Fragen: *„Was halten Sie von folgender Idee?"* Oder wählen Sie eine Einleitung, die bei aller Zurückhaltung einen positiven Ansatz hat: *„Ich denke, das könnte eine gute Lösung sein, die uns hier weiterhilft."*
- Achtung! Es gibt natürlich auch Ausnahmen. Man muss nicht immer alles sagen und man muss auch nicht immer alles sofort sagen. Manchmal ist es tatsächlich besser, sich zurückzuhalten oder auf einen passenden Zeitpunkt zu warten und erst weitere Argumente zu sammeln. Aber wie gesagt – das sind eben die Ausnahmen!

Freiheits-Regel Nr. 4: Halten Sie Maß

Ein Hauptthema der antiken Philosophie und Weisheitslehre war die Frage, wie es gelingt, ein glückliches, erfülltes Leben zu führen. Und kaum eine andere Regel hat dabei einen so prominenten Platz erhalten wie die, im Leben bei allem Maß zu halten. Der Grieche Platon sagt es vor rund zweitausendvierhundert Jahren so: *„Nichts allzu sehr!"*

Was für das Lebensglück im Allgemeinen gilt, gilt für die Freiheit im Besonderen. Alles, was zu viel ist oder was zu weit geht, überfordert die eigenen Kräfte und legt einen auf diese Weise in Ketten.

Ein Beispiel sind materielle Wünsche. Je größer das Verlangen nach einem bestimmten Gegenstand ist und je höher die Verpflichtungen sind, die man auf sich nimmt, um ihn zu bekommen und bei sich zu behalten, desto stärker wird man gefesselt, finanziell, geistig und emotional. Denken Sie an die Menschen, die sich ein Haus geleistet haben, obwohl ihr Budget vielleicht nur für eine Wohnung gereicht hat. Jetzt haben sie mehr Platz, aber eben auch mehr Sorgen und deutlich weniger Freiheit. (Von Ferienhäusern im Süden ganz zu schweigen. Selbst wenn die Finanzierung, die Pflege und der Schutz des Objektes organisiert sind – nun immer an denselben Ort reisen zu müssen, damit sich die Investition lohnt, hat mit Freiheit nur begrenzt etwas zu tun.)

Ein zweites Beispiel sind die eigenen Ziele und Projekte. Sicher, jeder von uns möchte beruflich erfolgreich sein. Aber wenn die Karriereambitionen die Kräfte überfordern und wenn die mit der Zielerreichung verbundenen Sachzwänge alles andere im Leben zu dominieren beginnen, dann ist der Freiheitspreis, den man bezahlt, möglicherweise eben doch zu hoch.

Und ein drittes Beispiel ist die eigene Gesundheit. Fitness ist eine Sache, Fanatismus eine andere. Ein entspannter Dauerlauf ist gut, ein verbissenes Anrennen gegen die aktuell gültige Zehntausend-Meter-Weltrekordzeit reiner Schwachsinn. Es dient der Gesundheit nicht, sondern schadet ihr. Und wenn die Gesundheit verloren ist, dann auch die Freiheit.

Halten Sie also Maß! Übertreiben Sie die Dinge nicht. Achten Sie auf Ihre Grenzen. Gehen Sie lieber schrittweise vor und lassen Sie sich Zeit, anstatt alles sofort und alles auf einmal schaffen zu wollen. Verzichten Sie auch einmal auf etwas. Machen Sie sich bewusst, dass Sie das, was Sie unbedingt haben oder ereichen möchten, niemals richtig werden nutzen oder genießen können, wenn Sie dafür im Gegenzug Ihre Freiheit verloren haben.

Und sollten Sie die (irrige!) Befürchtung haben, dass die Befolgung der Regel „Maß halten“ Sie vielleicht am Vorankommen und am Erfolg hindern könnte, dann vertrauen Sie den Gedanken von Johann Wolfgang von Goethe. Seine Einsicht trifft es genau: *„Man könnte noch mehr, ja das Unglaubliche tun, wenn man mäßiger wäre.“*

Freiheits-Regel Nr. 5: Befreien Sie sich von Geltungssucht

Geltungssucht ist nicht nur lächerlich, sie ist auch gefährlich. Geltungssucht und die Reduzierung der eigenen Freiheit gehen fast immer Hand in Hand. Der Grund dafür ist, dass Geltungssucht immer mit dem zwanghaften Wunsch verbunden ist, die Aufmerksamkeit, die Bewunderung und den Beifall der eigenen Umwelt zu gewinnen. Und dieses Verlangen wiederum bringt einen geltungssüchtigen Menschen zu einem Verhalten und zu Aktionen, mit denen er sich, seiner Freiheit und seiner Lebensqualität alles andere als einen Gefallen tut.

Ein regelmäßig zu verfolgendes Beispiel ist das Verlangen wirtschaftlich erfolgreicher Menschen, ihre Leistungen durch den Erwerb von „Luxusgütern" nun auch öffentlich darstellen und genießen zu können. Also wird gekauft und bezahlt: Der exotische Sportwagen, der dann im Jahr nur tausend Kilometer gefahren wird und trotzdem eine Reparatur nach der anderen benötigt. Die Sammlung sündhaft teurer Kois (japanische Zucht- und Zierkarpfen) für den Gartenteich, die anschließend als Hauptfutterquelle für die Katze des Nachbarn dienen. Oder das schicke Ferienhaus an der Côte d´Azur, dessen häufigster Besucher aber man schließlich nicht selbst ist, sondern die eifrigen Einbrecherbanden der Region. Ziemlich verrückt. Und völlig sinnlos.

Befreien Sie sich also von Geltungssucht. Machen Sie sich nicht zum Sklaven der Meinung und des Beifalls Dritter. Tun Sie nichts, was Sie unnötig Geld, Zeit, Kraft und Sicherheit kostet und Ihnen damit Ihre Freiheit raubt, nur weil Sie dadurch für eine gewisse Zeit im Mittelpunkt stehen und sich als Sieger fühlen: Werfen Sie kein Geld für Statussymbole aus dem Fenster. Machen Sie keine bombastischen Versprechungen und Ankündigungen. Geben Sie nicht mit Ihren geheimen Plänen und Zielen an. Und engagieren Sie sich nicht in überflüssigen oder gar risikoreichen Projekten, die alle Ihre Ressourcen binden, Ihnen aber außer dem Schulterklopfen Fremder nichts bringen. Orientieren Sie sich an dem, was für Sie das Beste ist, und nicht daran, was andere vielleicht von Ihnen denken und über Sie sagen könnten. Es ist Ihr Leben und nicht das der anderen.

12. Mut und Entschlossenheit statt Sorgen und Befürchtungen

Der Duden definiert „Mut“ als *„Bereitschaft, etwas zu unternehmen, auch wenn es schwierig oder gefährlich erscheint“*. Und er beschreibt „Entschlossenheit“ als *„fester Wille, etwas Bestimmtes zu tun“*. Wenn es also eine Fähigkeitskombination gibt, die für die Erhaltung der eigenen Freiheit, Selbstbestimmung und Lebensfreude unverzichtbar ist, dann die von Mut und Entschlossenheit. *„Das Geheimnis des Glücks ist die Freiheit. Das Geheimnis der Freiheit aber ist der Mut.“* So formuliert es der Grieche Perikles, unter dessen Führung sich in Athen vor zweieinhalbtausend Jahren die demokratische Idee durchsetzte und Kunst, Literatur und Wissenschaft sich zur höchsten Blüte entwickelten.

Machen Sie sich bewusst, wie wichtig Mut und Entschlossenheit für Sie sind

Der Wert von Mut und Entschlossenheit ist enorm. Ob es darum geht, Chancen zu ergreifen, Probleme zu lösen oder die eigenen Machtmöglichkeiten zu nutzen, stets spielen Mut und Entschlossenheit die Schlüsselrolle. Sie bestimmen, welche Entscheidungskraft man besitzt, wie schnell man vorankommt und in welchem Umfang es einem gelingt, seine Pläne und Projekte in die Tat umzusetzen. Ein unternehmerisches, offensives Handeln ist ohne Mut und Entschlossenheit nicht denkbar.

Wer dabei glaubt, beide Tugenden seien nur bei Riesenprojekten oder in Krisensituationen unentbehrlich, der täuscht sich gewaltig. Gerade im normalen Alltagsgeschehen kommt es auf Courage und Beharrlichkeit an! Wem sie fehlen, der wird automatisch zum Spielball der Interessen anderer oder zum Opfer selbst erschaffener Negativfantasien. Kaum kommt ein Widerspruch, kaum zeigt sich ein Hindernis, schon packen ihn die Bedenken und Befürchtungen und er verliert sein Ziel aus den Augen. Die Angelegenheit wird aufgeschoben, das Thema wird zerredet, der ursprüngliche Plan wandert in den Papierkorb. Kurz gesagt: Ohne Mut und Entschlossenheit wird das Leben zum Rückzugsgefecht!

Ein zweiter Irrglaube ist die Annahme, Mut sei vielleicht im Privatleben eine Hilfe, im Berufsleben aber nur etwas für Risikospieler und das Ergebnis einer

Kombination aus Selbstüberschätzung und Fahrlässigkeit. Im Gegenteil! Selbstverständlich müssen Mut und Entschlossenheit mit fachlicher Professionalität und persönlicher Vernunft einhergehen. Mut ohne Verstand wäre wie ein Rennwagen ohne Lenkung. Mit Hasardieren hat Mut dabei aber nichts zu tun. *„Mut besteht nicht darin, dass man die Gefahr blind übersieht, sondern dass man sie sehend überwindet"*, so beschreibt der deutsche Schriftsteller Jean Paul das Wesen dieser besonderen Eigenschaft.

Und schließlich: Mut und Entschlossenheit sind nicht allein unverzichtbar, um etwas zu unternehmen und zu erreichen, sondern ebenso, um etwas zu unterlassen oder aufzugeben! Oft erfordert ja gerade die Entscheidung, ein verführerisches Angebot nicht anzunehmen, einer harten Forderung nicht nachzugeben oder eine lieb gewonnene Gewohnheit nicht fortzusetzen, besondere Stärke und Selbstüberwindung.

Entwickeln Sie Ihr persönliches Mut- und Entschlossenheits-Programm!

Verlieren Sie deshalb nie aus dem Blick, was Mut und Entschlossenheit für Sie bedeuten. Verharren Sie auch nicht auf dem Niveau, das Sie bei beiden bisher erreicht haben. Machen Sie die Förderung Ihres Mutes und Ihrer Entschlossenheit vielmehr zu einer Ihrer Hauptaufgaben! Die folgenden Empfehlungen sollen Sie dabei unterstützen.

Bauen Sie auf Ihren Erfolgen auf.

Ein vertrautes Phänomen: Ein Erfolg ist schnell vergessen, aber ein Misserfolg wird für immer gespeichert. Eine Stärke redet man klein, aber eine Schwäche bauscht man auf. Machen Sie es anders. Dokumentieren und achten Sie Ihre Erfolge, Leistungen und Stärken! Je mehr Ihnen bewusst ist, welche Fähigkeiten Sie besitzen und was Sie schon alles erreicht haben, desto größer sind Ihr Selbstbewusstsein, Ihre Zuversicht und Ihre Durchsetzungskraft. Also: Welche Erfolge haben Sie bereits erzielt? Welche Probleme haben Sie gelöst? Auf welche Stärken und Fähigkeiten können Sie sich deshalb verlassen?

Motivieren Sie sich.

Überlegen Sie gerade bei schwierigen Projekten, was Sie gewinnen, wenn Sie Ihr Vorhaben trotz der möglichen Probleme, Widerstände und Mühen fortsetzen und realisieren. Je deutlicher Sie den Wert und Eigennutzen eines Ziels erkennen, desto entschlossener werden Sie sich dafür einsetzen, es zu erreichen.

Holen Sie sich Unterstützung.

Als Einzelkämpfer hat man es immer schwer, nicht nur, weil man eben alles alleine bewältigen muss, sondern auch deshalb, weil niemand da ist, mit dem man über die eigenen Schwierigkeiten und Selbstzweifel sprechen kann. Holen Sie sich deshalb Unterstützung, wenn Sie der Mut und die Entschlossenheit zu verlassen drohen. Je mehr Beistand und Förderung Sie genießen, desto zielstrebiger werden Sie voranschreiten. Also: Wer kann Ihnen bei Ihren aktuellen Vorhaben helfen? Wer kann Ihnen einen Rat geben? Wer kann Sie motivieren und seelisch aufbauen?

Betreiben Sie eine kluge Kontaktstrategie.

Ihr Umfeld prägt Ihr Denken! Verringern Sie deshalb Ihre Kontakte zu notorischen Pessimisten, Warnern und Verkomplizierern. Jedes Gespräch mit Personen dieser Art raubt Ihnen ein Teil Ihres Mutes und Ihrer Antriebskraft. Suchen Sie stattdessen so häufig wie möglich das Gespräch mit unternehmerischen, heiteren und zuversichtlichen Persönlichkeiten. Lassen Sie sich von ihnen inspirieren und leiten. Oft genügen schon wenige Minuten, um den eigenen Offensivgeist wieder aufzuladen!

Entwickeln Sie einen Plan B.

Wer alles auf eine Karte setzt, dem zittern schon bei Windstille die Knie. Wer einen Ausweichplan hat, der bleibt auch im Sturm stabil! Entwickeln Sie deshalb bei allen wichtigen Vorhaben einen Plan B. Überlegen Sie frühzeitig, was Sie tun werden, wenn Ihre ursprünglich angedachte Vorgehensweise nicht funktioniert. Schaffen Sie eine Ausweich- und Rückzugsmöglichkeit. Und erhalten Sie sich Reserven. Alles das beruhigt ungemein – und lässt Sie Ihren Hauptplan umso mutiger verfolgen! Der griechische Philosoph und Stoiker Epiktet sagte es vor gut zweitausend Jahren so: *„Man darf nicht das Schiff an einen einzigen Anker und das Leben nicht an eine einzige Hoffnung binden.“* Genau das gilt auch für die Angelegenheiten des Alltags.

Machen Sie einen Test.

Eine der wichtigsten Empfehlungen und Erfolgsregeln überhaupt! Machen Sie bei unsicherer Ausgangslage kleine Schritte statt großer Sprünge. Testen Sie also mit ausgewählten Einzelmaßnahmen und in ausgewählten Einzelbereichen, ob Sie auf dem richtigen Weg sind und ob das, was Sie vorhaben, wirklich funktioniert. Wenn Sie festen Boden unter den Füßen spüren, dann können Sie richtig und flächendeckend loslegen!

Sorgen Sie für eine gute Vorbereitung.

Je besser die Vorbereitung, desto couragierter die Ausführung! Achten Sie deshalb gerade bei wichtigen Projekten auf eine umsichtige, gewissenhafte Planung.

Überstürzen Sie nichts. Achten Sie auch auf die Details. Hören Sie auf Ihr Gefühl, wenn es Ihnen sagt, dass Sie bei einem bestimmten Punkt lieber noch einmal nachhaken sollten. Wenn Sie bei der Vorbereitung nach eigener Einschätzung alles getan haben, was für einen guten Verlauf nötig ist und was auch in Ihrer Macht stand, dann werden Sie bei allen Folgeschritten fast wie von allein mit Gelassenheit und Zuversicht handeln.

Entscheidung und Tat.

Treffen Sie klare, eindeutige Entscheidungen: ja oder nein! Und dann handeln Sie auch danach. Wer ständig schwankt, wird häufig stürzen. *„Das Schlimmste in allen Dingen ist die Unentschlossenheit“*, so lautet schon die entsprechende Erkenntnis von Napoleon Bonaparte.

Erledigen Sie Unangenehmes zuerst.

Was im Zusammenhang mit der Vermeidung von Stress zutrifft, gilt auch an dieser Stelle. Erledigen Sie unangenehme Aufgaben so frühzeitig wie möglich! Was morgens nur unerfreulich ist, wird gegen Abend unerträglich. Und umgekehrt, positiv gesehen: Mit jeder Hürde, die Sie überwinden, gewinnen Sie an Schwung und Sprungkraft für das nächste Hindernis.

Entwickeln Sie mehr Gelassenheit.

Absolute Erfolgsgewissheit gibt es nicht. Vertrauen Sie deshalb bei den Dingen, die Sie nicht beeinflussen können, auf einen positiven Ausgang. Mut und Glück sind enge Verwandte!

Denken Sie zudem daran, dass Ärger, Streit und Machtkämpfe ein Teil der Normalität sind, gerade auch dann, wenn es um wichtige Vorhaben geht. Lassen Sie sich deshalb von ihnen weniger einschüchtern. In bestimmten Fällen ist eine Konfrontation die einzige Möglichkeit, die eigene Freiheit und die eigenen Rechte zu schützen. *„Bewältige eine Schwierigkeit, und du hältst hundert von dir ferne."* Dieser Leitsatz des chinesischen Philosophen Konfuzius sagt es genau.

Stärken Sie Ihr Durchhaltevermögen.

Ein gestandener Unternehmer erzählte mir einmal von einem Problem, das ihn beschäftigte: *„Es ist mir fast schon peinlich, dass ich dafür immer noch keine Lösung gefunden habe. Aber eigentlich macht es nichts. Ich werde es eben mit einer Maßnahme nach der anderen versuchen, so lange, bis ich es geschafft habe."*

Halten Sie sich also an die Hauptregel der wirklich Erfolgreichen: *Niemals aufgeben!* Egal wie groß die Widerstände in einer Situation auch sind und ganz gleich wie viele Probleme im Zusammenhang mit einem Vorhaben auch auftauchen – mit Durchhaltevermögen gelingt im Leben tatsächlich fast alles. Wenn nicht heute, dann morgen. Und wenn nicht morgen, dann eben übermorgen. Entschlossenheit ist eine Langzeit-Tugend!

Reduzieren Sie Ihre Sorgen und Befürchtungen!

Sorgen und Befürchtungen sind der natürliche Hauptgegner von Mut und Entschlossenheit. Wen die Sorge übermannt, der ist zu einem offensiven Handeln kaum mehr in der Lage. Und noch mehr: Sorgen und Befürchtungen sind auch der natürliche Hauptgegner von Lebensfreude und Lebensleichtigkeit. Nichts, aber auch gar nichts kann einen so niederdrücken und lähmen wie die Furcht davor, dass etwas Unangenehmes oder gar Bedrohliches passieren könnte.

Gerade hier aber liegt das Problem. Viele Menschen sind in Wahrheit nur deshalb im Leben so beschäftigt, weil sie jede freie Minute darauf verwenden, sich zu sorgen! Ihr Lieblingswort lautet „hoffentlich“: *„Hoffentlich regnet es heute nicht. Hoffentlich hat der Chef gute Laune. Hoffentlich hält sich mein Kollege an die Absprache. Hoffentlich schaffe ich meine Arbeit. Hoffentlich hat der Supermarkt noch offen. Hoffentlich war der Fleischsalat noch in Ordnung. Hoffentlich bleibt der Sozialstaat erhalten. Hoffentlich überlebt mein Bonsai den Klimawandel.“*

Sollten Sie sich in diesen Zeilen wiederfinden, dann wäre es klug, sich eine neue Denkweise zu verordnen. Dabei geht es natürlich nicht darum, die Sorge völlig aus dem Leben streichen zu wollen. Wer zu sorglos wird, dem fehlen das Frühwarnsystem und der Antrieb, die nötig sind, um Gefahren rechtzeitig und entschlossen bekämpfen zu können.

Wer sich aber ständig sorgt, wer hinter jeder Aufgabe und Situation einen bedrohlichen Schatten erblickt, der übertreibt die Angelegenheit. Ständiges Sorgen bringt nichts außer Nachteilen. Es raubt die Stimmung. Es stiehlt die Kraft. Es verstellt die Sicht auf die positiven Elemente im Leben. Die Folge? Nur noch mehr Sorgen!

Treffen Sie also die Entscheidung, sich künftig insbesondere bei Alltagsthemen und Kleinigkeiten weit weniger Sorgen zu machen. Schwelgen Sie nicht länger in Befürchtungsfantasien, was alles schiefgehen und was Ihnen alles passieren könnte. Achten Sie stattdessen viel stärker auf Ihre Chancen und Gestaltungsmöglichkeiten. Nutzen Sie dafür die folgenden Empfehlungen:

Vertrauen Sie Ihrer Erfahrung.

Machen Sie sich klar, dass die meisten Befürchtungen im Leben entweder grundlos oder aber überzogen sind. Aktivieren Sie diese Erfahrung und vertrauen Sie ihr, wenn Sie sich das nächste Mal zu sorgen beginnen. Am besten, Sie stellen sich dann zwei Fragen: *Welche Befürchtungen hatten Sie in den letzten Wochen und Monaten? Welche davon haben sich als unnötig oder übertrieben erwiesen?*

Ruhige Analyse.

Im Nebel wirkt jeder Schatten wie ein Riese! Sorgen entstehen also sehr oft auch deshalb, weil man die genauen Folgen eines möglichen Problems nicht genau kennt und sie deshalb überschätzt. Analysieren Sie also immer in aller Ruhe, wie groß die möglichen negativen Folgen eines Problems oder einer Bedrohung wirklich sind und was sie im Schadensfall tatsächlich verlieren würden. Meistens wird sich herausstellen, dass es deutlich weniger ist, als man zunächst rein gefühlsmäßig angenommen hat. Also: *Was kann Ihnen im Zusammenhang mit dem betreffenden Problem im schlimmsten Fall passieren? Was können Sie verlieren, finanziell, zeitlich oder in Bezug auf Ihre Sicherheit?*

Berücksichtigen Sie die Tageszeit.

Kein vernünftiger Mensch käme auf die Idee, gerade dann zum Hanteltraining aufzubrechen, wenn er von einer Grippe gebeutelt wird und sich mitten in einem Fieberschub befindet.

Ganz ähnlich verhält es sich mit der Beschäftigung mit den eigenen Sorgen und Befürchtungen. Es gibt Zeiten, die dafür vollständig ungeeignet sind: die Abend- und Nachtstunden. Phasen der Erschöpfung während oder nach einer großen Anstrengung. Oder Momente, in denen der eigene Blutzuckerspiegel gegen Null geht, weil man zu lange nichts mehr Richtiges gegessen hat. Wenn Sie hier anfangen, über mögliche Negativentwicklungen oder Bedrohungen nachzudenken, dann werden Sie außer Albträumen wenig davon haben. Nicht nur, dass Ihre Problemlösungsfähigkeit in diesen Situationen massiv beeinträchtigt ist. Was Ihnen insbesondere fehlt, sind Ihre Stabilität und Ihr Urteilsvermögen. Und als Folge davon kann bereits das kleinste Problem Schreckensvisionen auslösen, die Ihnen den Schweiß auf die Stirn treiben. Betrachten Sie dasselbe Thema ausgeruht und bei Tageslicht, Sie würden höchstens mit einem Schulterzucken reagieren. (Schopenhauer widmet diesem Sachverhalt übrigens eine ausführliche Betrachtung und spricht davon, dass *„unsere Gedanken beim Einschlafen oder gar nächtlichen Erwachen meist ebenso arge Verzerrungen und Verdrehungen sind, wie die Träume es sind, und dazu, wenn sie persönliche Angelegenheiten betreffen, gewöhnlich pechschwarz, ja entsetzlich"*. Man sieht, er wusste genau Bescheid!)

Beginnen Sie so schnell wie möglich zu handeln!

Die vielleicht wichtigste Regel überhaupt: Die beste Waffe gegen Sorgen sind Taten! Nichts hilft so nachhaltig! Handeln Sie also so zügig wie möglich, wenn Ihnen ein Problem den Schlaf raubt. Es ist ähnlich wie im Sport – sobald das Spiel begonnen hat, ist die Nervosität verflogen! Und umgekehrt, je länger Sie Ihr Handeln aufschieben, desto größer werden Ihre Negativvorstellungen und damit Ihre Befürchtungen. Also:

- Verschaffen Sie sich Informationen. Wie ist die Lage wirklich?
- Entwickeln Sie einen Lösungsplan. Welche Handlungs- und Machtmöglichkeiten haben Sie?
- Starten Sie mit der Umsetzung. Was können Sie sofort unternehmen? Was können Sie jetzt bereits in die Wege leiten?

Betreiben Sie Prävention.

Natürlich gibt es auch immer wieder Sorgen und Befürchtungen, die sehr wohl einen wahren Kern haben und bei denen es zudem nicht nur um die alltäglichen Dinge des Lebens geht. Hier gilt die Regel: Betreiben Sie Prävention! Verharren Sie also nicht nur in Ihren Befürchtungen und verdrängen Sie das Thema auch nicht. Versuchen Sie vielmehr, durch vorbeugende Maßnahmen die Eintrittswahrscheinlichkeit des betreffenden Ereignisses zu reduzieren oder eine Lage zu schaffen, bei der die möglichen negativen Folgen so gering wie möglich gehalten werden. Sie verringern damit nicht nur Ihre Sorgen, sondern, weit wichtiger, Sie verbessern die Gesamtsituation auf diese Weise auch ganz real.

Werden Sie cooler!

Denken Sie aber daran: Sie können nicht jedes Risiko im Leben ausschließen. Mutieren Sie also nicht zum

Sicherheitsfanatiker. Ein übertriebenes Sicherheitsstreben führt meist genau zu den Unfällen, vor denen man sich am meisten fürchtet – weil man die Dinge verkompliziert, weil man nervös und abgelenkt wird, weil man sich selbst negativ konditioniert und weil man als Folge davon dann automatisch gerade das herbeiredet und herbeiführt, was man unbedingt vermeiden wollte. Auch in diesem Zusammenhang ist also Optimismus die bessere Wahl. So sagt es uns auch Ernst Jünger, ein Mensch, der aufgrund seiner einzigartigen Lebenserfahrung ganz gewiss wusste, wovon er sprach: *„Der Optimismus ist ein unmittelbares Zeichen der Gesundheit und ist umso verdienstvoller, je schärfer er die Gefahr ins Auge fasst. Auf alle Fälle führt die Hoffnung weiter als die Furcht.“*

13. Lernen Sie, Nein zu sagen!

Lernen Sie, Nein zu sagen! Kaum eine Fähigkeit bringt Ihrer Selbstbestimmung und Lebensqualität so viel. *„Die Fähigkeit das Wort Nein auszusprechen, ist der erste Schritt zur Freiheit."* So sagt es schon im 18. Jahrhundert Nicolas-Sébastien de Chamfort, französischer Moralist, Dichter und Mitglied der Académie française.

Wer ständig Ja sagt, ist schnell verloren

Um Missverständnissen vorzubeugen: Die Empfehlung *„Lernen Sie, Nein zu sagen"* soll natürlich nicht heißen, ab heute jeden Partner in Richtung Mond zu schießen, dessen Anliegen Ihnen irgendwie ungelegen kommt. Ein solches Verhalten wäre nicht nur blanker Egoismus, sondern auch der selbst erstellte Freifahrtschein in den beruflichen Ruin und in die private Isolieranstalt.

Es geht um etwas anderes. Wir alle haben im Leben genug damit zu tun, mit den Aufgaben fertig zu werden, die bei genauer Betrachtung wirklich wichtig und damit unausweichlich sind. Gleichzeitig aber werden wir ständig mit überzogenen oder unsinnigen Bitten und Forderungen konfrontiert, deren zusätzliche Erfüllung uns zeitlich, kräftemäßig und emotional massiv überfordern würde.

Wenn Sie in diesen Fällen nicht Nein sagen können, dann sind Sie bald verloren: Sie werden zum Spielball Dritter. Sie machen Hetze und Hektik zu Dauergästen. Sie verleugnen sich selbst. Sie verlieren die Freude an Ihrer Tätigkeit. Und Sie gefährden Ihre langfristige Leistungs- und Erfolgsfähigkeit (von Ihrer Freiheit ganz zu schweigen). Eine falsche berufliche oder private Zusage kann ausreichen, um Ihnen auf Wochen hinaus Ihre Energie und Nervenkraft zu rauben.

Die folgenden Gedanken sollen es Ihnen deshalb erleichtern, in Zukunft gezielt und wirkungsvoll abzulehnen, was Ihnen bei genauer Betrachtung nur Schaden würde.

Trauen Sie sich!

Besonders im Berufsleben unterbleibt ein erforderliches Nein meist deshalb, weil man die möglichen Folgen fürchtet – den Zorn eines Kunden, die Kritik eines Kollegen oder das Negativurteil eines Vorgesetzten. Drei Gründe sprechen dafür, aber auch an dieser Stelle mehr Mut an den Tag zu legen.

Erstens: In fast allen Fällen erweisen sich die Sorgen als überzogen. Die meisten Menschen sind beruflich ähnlich eingespannt wie Sie und wissen, dass man nicht alle

Wünsche zu 100% erfüllen kann. Umso größer ist ihre Bereitschaft, im Bedarfsfall gemeinsam mit Ihnen nach einem Kompromiss oder einer Ausweichlösung zu suchen.

Zweitens: Nichts wird so heiß gegessen, wie es gekocht wird. Eine Forderung mag unumstößlich klingen, bei einer Nachfrage zeigt sich fast immer, dass eine Alternative mindestens ebenso gut funktioniert.

Und drittens: Das Umgehen einer für Sie unangenehmen Diskussion in der Gegenwart bringt Ihnen wenig, wenn Sie sich damit einen unerträglichen Streit in der Zukunft einhandeln. Wenn Sie zum Beispiel einem Erledigungstermin zustimmen, bei dem Sie von Anfang an wissen, dass Sie ihn niemals werden halten können, dann verschieben und vergrößern Sie Ihre Probleme nur. Am Anfang bekommen Sie einen kleinen Beifall und am Ende einen großen Ärger.

Kein Schwadronieren

Eine kluge und gekonnte Erklärung ist der halbe Sieg! Machen Sie aus der Begründung Ihres „Nein“ deshalb kein episches Drama. Listen Sie keinen Riesenkatalog an Argumenten auf, dem Ihr Partner weder folgen kann, noch folgen will. Entschuldigen Sie sich auch nicht endlos, als würden Sie dem anderen einen Schaden zufügen, unter dem noch seine Urenkel zu leiden hätten. Alles das ist für Ihren Gesprächspartner schwer erträglich und bläst die Angelegenheit nur unnötig auf.

Kommen Sie vielmehr zügig zum Punkt. Sagen Sie knapp, sachlich und mit einer klaren Begründung, warum Sie der betreffenden Forderung nicht nachkommen können. Ein anschauliches und nachvollziehbares Argument reicht im Normalfall völlig aus.

Wählen Sie verbindliche Worte

Der Ton macht die Musik! Und ein Lächeln entschärft fast alles!

Donnern Sie Ihre Ablehnung deshalb nicht heraus wie einen Kanonenschlag. Verzichten Sie auf barsche Texte und ein verkniffenes Gesicht. Machen Sie nicht den Fehler, zu glauben, dass Sie den anderen durch ein übertrieben selbstbewusstes Auftreten beeindrucken oder überfahren können. Härte ersetzt keine Argumente, sondern wirkt arrogant und schafft zusätzlichen Widerstand.

Antworten Sie bei aller Bestimmtheit vielmehr so ruhig, liebenswürdig und höflich wie möglich. Je deutlicher Ihr Partner erkennt, dass Sie ihn und sein Anliegen ernst nehmen, desto mehr Verständnis wird er Ihnen und Ihrer Antwort entgegenbringen.

Bieten Sie Ersatzlösungen

Sagen Sie nicht nur, was Sie nicht wollen oder können, sondern insbesondere auch, welche Alternativen Sie zu bieten haben. Machen Sie Ihrem Partner einen Gegenvorschlag, der seine und Ihre Interessen gleichermaßen fair berücksichtigt. Erläutern Sie ihm, was er davon hat, wenn er Ihrem Vorschlag zustimmt: *„Wenn wir einen späteren Termin wählen, dann habe ich alle anderen Arbeiten abgeschlossen und kann mich völlig auf unser gemeinsames Projekt konzentrieren."*

Wenn möglich, liefern Sie ihm dabei zwei Lösungsvorschläge. So hat er nicht die Auswahl zwischen „Annehmen oder Ablehnen", sondern zwischen der „Lösung A" und der „Lösung B".

Bitte überlegen Sie: Selbst wenn Sie es auf diese Weise nur in der Hälfte aller Fälle schaffen, eine überzogene oder schwer erfüllbare Forderung abzulehnen, ist Ihr Gesamtgewinn an Zeit, Kraft und Freiheit doch enorm!

Entwickeln Sie eine Standard-Vorgehensweise

Die Erfahrung zeigt, dass bestimmte Bitten, Wünsche und Forderungen immer wieder kommen. Fangen Sie bei diesen Fällen nicht jedes Mal von vorne damit an, darüber nachzudenken, auf welche Weise Sie am besten Nein sagen können.

Nehmen Sie sich vielmehr einmal die Zeit und Ruhe, um grundsätzlich darüber nachzudenken, welche Vorgehensweise dafür am besten geeignet ist: Sammeln Sie Argumente und Zahlen. Arbeiten Sie Bestformulierungen aus. Überlegen Sie, welches Verhalten und welche Begründungen Ihnen in der Vergangenheit geholfen haben und was Sie deshalb künftig zum Standard machen sollten.

Handeln Sie vorbeugend

Überlegen Sie bereits im Vorfeld eines Kontaktes oder Projektes, welche Forderungen Sie gar nicht erst entstehen lassen möchten oder welche Lösungen Sie im vorliegenden Fall bevorzugen. Sprechen Sie diese Punkte dann von sich aus aktiv an, noch ehe es Ihr Partner tut. Schildern Sie Ihrem Partner, welche Möglichkeiten Sie sehen und was aus Ihrer Sicht eher nicht infrage kommt.

Wenn Sie so vorgehen, dann behalten Sie die Handlungshoheit und geraten gar nicht erst in die Verlegenheit, falsche Vorstellungen und Erwartungen Ihres Partners im Nachhinein mühevoll abwehren und umlenken zu müssen.

Verschaffen Sie sich Bedenkzeit

Viele schwierige Bitten und Wünsche kommen überfallartig. Gerade in diesen Fällen besteht die Gefahr, sich durch eine voreilige und unüberlegte Zusage selbst in Bedrängnis zu bringen.

Sagen Sie bei überraschenden Forderungen deshalb nicht überstürzt „Ja“ oder „Nein“, sondern verschaffen Sie sich ausreichende Bedenkzeit.

Sie gibt Ihnen die Möglichkeit, die Angelegenheit angemessen und ohne Druck zu beurteilen. Sie können in Ruhe entscheiden, ob Sie annehmen oder ablehnen sollten. Und Sie haben die Möglichkeit, die dafür erforderlichen Argumente zu entwickeln.

Kein Einknicken

Bleiben Sie gerade gegenüber penetranten und aufdringlichen Bittstellern hart! Beginnen Sie das Gespräch nicht mit einem entschlossenen *„Nein“*, um es mit einem weichlichen *„Vielleicht doch“* zu beenden.

Denken Sie daran: Je fester Ihnen jemand verspricht, nur Ihren kleinen Finger zu brauchen, desto größer ist die Wahrscheinlichkeit, dass Sie seinen Griff später nicht an Ihrer Hand, sondern an Ihrer Gurgel spüren.

Achten Sie besonders im Privatleben auf eine angemessene Balance

Im Privatleben gelten selbstverständlich ganz spezielle Regeln. Die oberste lautet: Gehen Sie so häufig wie möglich auf die Wünsche und Bedürfnisse Ihres Partners ein! Tun und unternehmen Sie insbesondere auch regelmäßig etwas ihm zuliebe, an dem Sie selbst vielleicht nicht so große Freude haben. Wenn Sie immer nur an sich denken, ist das nicht nur unfair, sondern auch unklug. Egoismus und eine glückliche Partnerschaft vertragen sich schlecht.

Sagen Sie aber auch im Privatleben nicht ständig Ja, wenn Ihnen in Wahrheit nach einem Nein zumute ist. Stellen Sie sich beispielsweise vor, Sie kommen Freitagabend völlig erschöpft nach Hause und freuen sich auf zwei ruhige Erholungstage. Kaum haben Sie die Tür geöffnet, schlägt Ihnen Ihr Lebenspartner aber vor, gleich am nächsten Morgen zu einer ausgiebigen Fahrradtour aufzubrechen. Wenn Sie in einer solchen Situation genau wissen, dass ein Ausflug dieser Art Sie überfordern würde und wenn Sie ebenso genau wissen, dass Ihr Unmut nur in Vorwürfen und Wortgefechten enden würde, dann hören Sie auf Ihr Gefühl. Es bringt wenig, wenn Sie Ihrem Partner im ersten Moment mit einer Zusage eine Freude machen, und ihm wenige Stunden später mit Worten wie *„ich hätte doch nicht mitkommen sollen"* die Laune verderben. Besser, Sie lehnen in diesen Fällen auch einmal ab, tanken Energie und machen dann beim nächsten Mal ausgeruht und voller Enthusiasmus mit.

Und schließlich: Denken Sie auch an sich und Ihre eigenen Bedürfnisse!

Auch die abschließende Empfehlung hat etwas mit dem Thema „Balance" zu tun. Besonders Menschen mit ausgeprägter Leistungs- und Hilfsbereitschaft neigen dazu, den Bitten anderer ohne zu Zögern nachzugeben. Kaum möchte jemand etwas von Ihnen, so kommt auch schon Ihre Zustimmung: *„Klar, selbstverständlich, sehr gerne, mit Vergnügen!"*

Sollten Sie zu dieser Personengruppe zählen, dann denken Sie bitte künftig auch wieder ein wenig stärker an sich und an das, was Sie selbst möchten. Es ist Ihr Leben, um das es geht, und Sie haben ein Anrecht, auch einmal Nein zu sagen und Ihre eigenen Interessen wahrzunehmen. Wenn Sie es nicht tun, werden Sie über eine Dienerrolle nicht mehr hinauskommen.

Lassen Sie sich dabei insbesondere auch von Niemandem ein schlechtes Gewissen einreden! Sie können nicht alle Erwartungen von anderen erfüllen und Sie müssen es auch nicht. Wer Ihnen gegenüber mit erhobenem Zeigefinger und als Moralapostel auftritt, dem geht es im Normalfall nicht um „richtig oder falsch“, sondern nur um seinen eigenen Vorteil.

Kurz gesagt: Bleiben Sie sich und Ihrer Hilfsbereitschaft anderen gegenüber treu, aber übertreiben Sie es nicht. Je mehr Sie für andere tun, desto mehr sollten Sie auch sich selbst gönnen!

Mehr von der Gegenwart

14. Nutzen und genießen Sie jeden Tag

Sie leben nicht in der Vergangenheit, Sie leben nicht in der Zukunft. Sie leben heute, jetzt, in diesem Augenblick! „Lebensgestaltung" bedeutet deshalb immer „Tagesgestaltung". Ganz gleich, was Sie tun, was Sie erreichen möchten oder wie Sie insgesamt leben wollen, der einzelne Tag ist für alles der Fokus. Wenn es also eine Schlüsselfähigkeit für ein glückliches, erfülltes und erfolgreiches Leben gibt, dann ist es die Fähigkeit, den einzelnen Tag zu ergreifen, zu nutzen und zu genießen.

Betrachten Sie jeden Tag als ein Geschenk

Denken Sie immer daran, dass jeder Tag einmalig ist, im Sinne dieses Wortes. Eine bestimmte Tätigkeit können Sie vielleicht von einem Tag auf einen anderen verschieben. Den Tag selbst aber, den können Sie nicht verschieben oder für später aufbewahren. Entweder Sie ergreifen ihn, wenn er da ist, oder er geht Ihnen für alle Zeiten verloren. Betrachten Sie deshalb jeden Tag als ein Geschenk. Gehen Sie so aufmerksam, klug und sorgfältig wie möglich mit ihm um, anstatt ihn einfach nur dahingehen zu lassen oder seine Qualität und seinen Verlauf Dritten, dem Zufall oder einer momentanen Laune zu überlassen.

Aktivieren Sie Ihre Lebenskunst.

Die erste Empfehlung dafür lautet natürlich: Nutzen Sie die Einsichten und Empfehlungen aus den vorangegangenen Kapiteln dieses Buches. Alle Strategien, Grundsätze und Maßnahmen für mehr Lebensfreude, mehr Entspannung, mehr Erfolg und mehr Freiheit sind automatisch auch Strategien, Grundsätze und Maßnahmen für die kluge und gekonnte Gestaltung der Gegenwart und des einzelnen Tages!

Konzentrieren Sie sich auf das, was heute geschieht.

Der irisch-englische Schriftsteller Jonathan Swift hat schon vor rund dreihundert Jahren ein Phänomen beschrieben, an dem sich bis heute kaum etwas geändert hat: *„Genau genommen leben sehr wenige Menschen in der Gegenwart; die meisten bereiten sich vor, demnächst zu leben."*

Mit anderen Worten: Die meisten Menschen konzentrieren sich auf alles, nur nicht auf ihre Gegenwart. Entweder sie beschäftigen sich mit ihrer Vergangenheit (und zwar in Form verklärter Erinnerungen – *„Das waren noch Zeiten"* – oder in Form selbstmitleidgetränkter Vorwürfe – *„Hätte ich doch nur")*, oder sie leben geistig in der Zukunft und richten ihre Gedanken, Gefühle und Handlungen auf das, was einmal kommen wird oder kommen könnte. Nur auf den Zeitabschnitt, in dem sie wirklich leben, auf den achten sie nicht.

Machen Sie es anders! Behandeln Sie die Gegenwart nicht als eine Art durchlaufenden Posten, der nur dazu dient, die Vergangenheit aufzuarbeiten oder die Zukunft zu sichern. Richten Sie Ihre Sinne vielmehr auf das, was heute geschieht! Nutzen und genießen Sie den aktuellen Augenblick, anstatt ihn aus den Händen zu geben, indem Sie über etwas nachgrübeln, was Sie nicht mehr ändern können, oder indem Sie sich auf das fixieren, von dem Sie erwarten, dass es vielleicht passiert. Sicher etwas übertrieben, aber dafür sehr anschaulich sagt es der bereits weiter oben zitierte französische Dichter Nicolas-Sébastien de Chamfort: *„Der Dummkopf beschäftigt sich mit der Vergangenheit, der Narr mit der Zukunft, der Weise aber mit der Gegenwart."*

Reden Sie den Tag nicht schlecht.

Es ist immer wieder erstaunlich, wie einfallsreich viele Menschen sind, wenn es darum geht, einen Tag zu diffamieren und zu erklären, dass sie ihn am liebsten sofort loswerden würden. Die einen sagen es kurz und bündig: *„Das ist heute nicht mein Tag."* Die anderen regen sich in einer Beschwerde-Endlosschleife darüber auf, dass es das Schicksal gewagt hat, ihnen etwas vorzusetzen, das sie nicht bestellt haben. Inhaltlich geht es dabei fast immer um Banalitäten: *„Dieser Regen, dieser Stau, dieser Papierkram."* Und wieder andere machen keine halben Sachen und entwerten gleich ganze Lebensabschnitte: *„Noch sieben Jahre durchhalten, und dann nichts wie weg hier!"*

Verzichten Sie auf solche Gegenwarts-Zerstörungstexte. Reden Sie sich den Tag nicht selbst schlecht. Es ist so, als ob Sie Ihr Leben schlechtreden. Konditionieren Sie sich stattdessen positiv. Konzentrieren Sie sich auf das, was Ihnen an diesem Tag an Möglichkeiten offensteht, was Ihnen gelingt und was Ihnen Anlass zur Freude bietet.

Machen Sie das Beste aus jeder Situation.

Geben Sie den Tag auch nicht dadurch aus den Händen, dass Sie einem zeitlich begrenzten Einzelereignis gestatten, ihn als Ganzes zu verderben. Stellen Sie sich zum Beispiel vor, an einem Vormittag geht alles schief, was nur schiefgehen kann. Ist das ein Grund, sich auch den Nachmittag und Abend ruinieren zu lassen, die für sich alleine betrachtet völlig in Ordnung sind? Wohl kaum. Es wäre etwa so, als würde man ein vorzügliches Hauptgericht und ein köstliches Dessert wegwerfen, nur weil die Vorspeise versalzen ist.

Und selbst wenn es noch schlimmer käme und auch der Nachmittag nur Ärger bringt, muss man dann wirklich auch die letzten Tagesstunden abschreiben? Im Gegenteil. Gerade dann sollte man alles tun, um den Abend zu genießen und so schön wie möglich zu gestalten.

Machen Sie sich bewusst, welche Chancen Ihnen jeder Tag bietet.

Und schließlich: Halten Sie sich immer wieder vor Augen, wie groß und vielfältig die Chancen sind, die Ihnen jeder Tag bietet – um erfolgreicher zu werden, um sich weiterzuentwickeln oder um das Leben und die Gegenwart zu genießen! Stellen Sie sich also die folgenden Fragen, um zu erkennen, wozu Sie einen Tag für sich nutzen können:

- Welche beruflichen und privaten Aufgaben können Sie heute erledigen?
- Was können Sie Neues und Interessantes lernen?
- Was können Sie sich selbst Besonderes gönnen?
- Was können Sie für Ihre Gesundheit und Fitness tun?
- Wie können Sie die Menschen, die Ihnen besonders wichtig sind, erfreuen oder unterstützen?

Schenken Sie jedem Tag ein Ziel

Die folgende Empfehlung schließt unmittelbar daran an: Schenken Sie jedem Tag ein Ziel! Überlegen Sie also am Vorabend, beim Frühstück oder bei der Fahrt zur Arbeit, was Sie an diesem Tag ganz speziell unternehmen, erledigen oder erreichen möchten.

Dabei geht es natürlich nicht darum, sich jedes Mal ein Titanenwerk vorzunehmen. Wenn Sie aber jeden Tag nur ein ausgewähltes Vorhaben verwirklichen, so sind das in der Summe 365 Taten im Jahr. Die positive Wirkung ist enorm. Sie bringen sich jeden Tag ein Stück voran. Sie können sich täglich über etwas freuen. Und Sie nehmen das Tagesgeschehen aktiv in die Hand, anstatt nur das zu tun, was sich zufällig ergibt oder was andere von Ihnen wollen. Bildlich gesagt: Mit einem täglichen Ziel „beschenken" Sie nicht nur den Tag, sondern sich selbst. Hier sind die konkreten Regeln für die Realisierung:

- Gewöhnen Sie sich an, zu einem bestimmten Zeitpunkt des Tages über Ihr aktuelles Ziel nachzudenken. Schreiben Sie es kurz auf, am besten in Ihren Kalender.
- Nehmen Sie sich überschaubare Aufgaben vor. So können Sie auch große Projekte in Portionen aufteilen und schrittweise erledigen.
- Wählen Sie auch regelmäßig Ziele, die nicht sachlich zwingend sind, sondern die Ihnen einfach nur Spaß machen und Ihrer Lebensqualität dienen.
- Bleiben Sie dran! Wenn Ihnen Ihr Vorhaben nicht wie geplant an dem betreffenden Tag gelingt, dann unternehmen Sie an einem der Folgetage einen zweiten oder dritten Versuch.

- Freuen Sie sich über die Erledigung und den damit verbundenen Erfolg! Haken Sie das Thema nicht einfach nur ab, sondern gönnen Sie sich einen Moment der Zufriedenheit!

Gönnen Sie sich mehr Muße

Einen Tag klug und gekonnt zu nutzen bedeutet aber natürlich nicht, ihn bis zum Rand mit Aktivitäten zu füllen und aus jeder Minute das Maximum herausholen zu wollen. Ein Leben ohne Möglichkeit zur Besinnung und zur Beschäftigung mit den Dingen, die einen zu sich selbst finden lassen, wäre ein Leben wie auf einer Rutschbahn, auf der man ohne Halt talwärts rast. Keine berauschende Vorstellung!

Was es also vielmehr bei der Gestaltung eines Tages zu schaffen gilt, ist ein Gleichgewicht zwischen den eigenen beruflichen und privaten Aufgaben einerseits und ausreichender Zeit für sich und seine persönlichen Interessen und Beschäftigungen andererseits. Eine der wichtigsten Lebenskunst-Regeln überhaupt lautet deshalb: Gönnen Sie sich ein ausreichendes Maß an Muße. Muße ist der Webstoff der Lebensqualität!

Machen Sie sich klar, was Ihnen Muße bringt.

Schon die Duden-Definition deutet an, welche Bedeutung sie für das eigene Leben hat. Muße entspricht demnach *„freier Zeit und innerer Ruhe, in der man seinen eigenen Interessen nachgehen kann“*. Den wahren Wert der Muße aber beschreibt die Philosophie. So ist Muße für Schopenhauer *„die Frucht und der Ertrag des gesamten Daseins“* eines Menschen (und zwar deshalb, weil sie ihm, wie Schopenhauer sagt, den Genuss seines Bewusstseins und seiner Individualität gibt). Und für Seneca ist Muße kurz und knapp *„der schönste Besitz von allen“*.

Nutzen Sie Ihre freie Zeit für etwas, über das Sie sich freuen können.

Oft liegt die Ursache für fehlende Muße nicht etwa darin, dass die vorhandene Zeit nicht ausreicht, sondern vielmehr darin, dass sie falsch genutzt wird. Der englische Mathematiker und Philosoph Bertrand Russell sagt es beispielhaft: *„Viel Freizeit kann ermüdend wirken, wenn die Menschen sich nicht vernünftig und interessant beschäftigen.“*

Verschwenden Sie Ihre freie Zeit also nicht mit etwas, von dem Sie danach kaum mehr wissen, was es war oder das Ihnen möglicherweise noch einen Nachteil einbringt. Versuchen Sie vielmehr, Ihre freie Zeit so einzusetzen, dass Sie wirklich einen Gewinn davon haben – zum Beispiel einen Gewinn an positiver Stimmung, an Zuversicht, an Entspannung (oder Spannung, je nachdem!), an Wissen und Können oder an Lebensfreude und Lebensgenuss.

Packen Sie den Tag nicht zu voll.

Selbstverständlich gibt es täglich eine Vielzahl von Verpflichtungen. Und natürlich gibt es regelmäßig Phasen intensiver Arbeitsbelastung, durch die man einfach hindurchmuss. Dennoch, gewisse zeitliche Gestaltungsspielräume sind fast immer vorhanden.

Überfrachten Sie Ihre Tage also nicht unnötig. Packen Sie nicht mehr hinein, als Sie verkraften können. Verzichten Sie auch einmal auf ein Vorhaben, wenn Sie merken, dass dadurch alles zu eng wird. Eine Aufgabe am Tag zu viel bedeutet eben nicht nur, dass Sie bei dieser betreffenden Aufgabe in Hetze geraten. Sie führt vielmehr dazu, dass Sie auch bei allen anderen Tätigkeiten ins Schwitzen kommen. Letztlich ist es also mit den Tagesaufgaben in Ihrem Terminkalender ganz ähnlich wie mit den Strohhalmen auf dem Rücken des Esels: Der letzte bricht ihm das Genick. An Muße brauchen Sie dann nicht mehr zu denken. (Bitte nicht wörtlich nehmen, diese Metapher soll es Ihnen nur erleichtern, die genannte Regel in Erinnerung zu behalten!)

Bauen Sie Pausen ein.

Jeder Marathonläufer weiß, dass er einen Wettkampf ohne regelmäßige Energiezufuhr nicht durchstehen wird und dass er auch nicht über die gesamte Zeit in seiner Maximalgeschwindigkeit rennen kann.

Bauen Sie deshalb gerade in arbeitsintensiven Tagen eine ausreichende Zahl von Pausen ein. Halten Sie zwischen zwei Tätigkeiten oder Terminen kurz inne. Durchdenken Sie, was eben war und was gleich kommen wird. Trinken Sie eine Tasse Tee. Unterhalten Sie sich mit jemandem. Oder legen Sie sich zu einem kurzen Mittagsschlaf hin! (Seit man dazu nicht mehr „Nickerchen“ sagt, sondern „Power Nap“, und seitdem Wissenschaftler auch noch bestätigt haben, dass ein solcher „Power Nap“ der Erhaltung der eigenen Leistungsfähigkeit dient, braucht Ihnen das Ganze auch nicht mehr peinlich zu sein!) Alle diese kleinen Pausen sind Bausteine der Muße und helfen Ihnen, zur Ruhe zu kommen und Energie zu tanken.

Machen Sie auch einmal gar nichts.

Ein wirklicher Denkfehler besteht darin, zu glauben, es sei reine Zeitverschwendung (und unmoralisch dazu), auch einmal ganz bewusst *nichts* zu tun, keinen Plan zu haben und einfach nur dem nachzugehen, wozu man gerade Lust hat. Genau das ist aber eine vorzüglich geeignete Möglichkeit, um sich zu entspannen, wieder zu sich selbst zu finden und den einzelnen Augenblick einfach nur zu genießen, ohne erst ein Ziel zu definieren, von dessen Erreichung man diesen Genuss dann abhängig macht.

Ersparen Sie sich ein schlechtes Gewissen.

Viele Menschen gönnen sich nur deshalb keine Muße, weil sie davon ein schlechtes Gewissen bekommen. *„Alle um mich herum rennen hin und her und ich nutze meine Zeit für mich selbst"*, so lautet ihr Vorwurf an sich selbst.

Falls Sie zu dieser Art von (offenkundig besonders pflichtorientierten) Personen gehören, dann beenden Sie diese Gedanken. Es ist Unsinn. Sie leisten mit Sicherheit genug, um sich auch einmal eine Auszeit zu gönnen. Der amerikanische Literaturnobelpreisträger John Steinbeck sieht den Zusammenhang genau: *„Die Kunst des Ausruhens ist ein Teil der Kunst des Arbeitens."*

Sorgen Sie für einen gelungenen Morgen

Kaum etwas bestimmt die Qualität eines Tages so sehr wie die Qualität des Morgens! Es verhält sich ganz ähnlich wie mit dem Zuknöpfen eines Hemdes. Wenn der oberste Knopf ins falsche Knopfloch gerät, dann wird es mehr als schwierig, die ihm folgenden noch in die passenden Öffnungen zu bekommen.

Genau hier aber liegt das Problem. Gerade der Morgen eines Tages kann grausam sein! Es beginnt schon damit, dass der Wecker immer genau dann klingt, wenn man das Gefühl hat, im tiefsten Tiefschlaf zu liegen. Kaum hat man sich ins Bad geschleppt, entdeckt man dort im Spiegel ein Bild, bei dem man Minuten braucht, um zu erkennen, dass es das eigene ist. Jetzt lieber sofort unter die Dusche, da hängt kein Spiegel. Was, im Duschgel kein Tropfen mehr, na ja, Shampoo tut's auch. Nun fühlt man sich wohler, aber nur bis man sieht, dass sich die Küche entgegen aller Hoffnungen nachts doch nicht von allein aufgeräumt hat. Aber der Kühlschrank, der ist gut gefüllt. Stimmt. Bloß Milch, Butter, Marmelade und Eier fehlen. Macht nichts, man hat sowieso keine Zeit mehr. Im Gegenteil. Wenn man sich jetzt nicht sputet, dann kommt man zu spät. Also sofort die Schuhe und den Mantel an, und dann raus aus der Wohnung. Aber verflixt, genau jetzt ist der linke Schnürsenkel verknotet. Und der rechte ja auch. Mal kräftig an ihnen zerren, dann werden sie schon aufgehen. Von wegen. Mal kräftig an ihnen zerren, dann werden sie schon reißen! Also flugs in die anderen Schuhe, die passen zwar nicht zur Kleidung, sind aber Slipper. Jetzt hat man es geschafft, jetzt ist man endlich draußen, jetzt kann nichts mehr passieren – aber stopp! Fast hätte man die Wohnungsschlüssel auf der Kommode liegen lassen. Das wäre eine Katastrophe geworden! Also schnell eine Drehung zurück und hin zur Kommode. Doch da liegen keine Schlüssel. Dann sind sie doch im Mantel. Nein, da auch nicht. Oder in der Schublade. Nein, da auch nicht. Oder im Wohnzimmer. Nein, da auch nicht. Oder unter der Kommode. Nein, da auch nicht. Oder im Schlafzimmer. Oder ...

Falls Ihnen derartige Morgenerlebnisse nicht ganz unbekannt vorkommen, dann sollten Sie sich um einen neuen Rhythmus kümmern. Der Start in den Tag ist viel zu wichtig, um ihn jedes Mal zu einem nervenzerfetzenden Hürdensprint werden zu lassen. Die folgenden Empfehlungen zeigen Ihnen, wie Sie den Morgen zu einem Gewinn für sich und Ihren Tag machen.

Mehr Wachheit.

Jeder von uns hat seine Vorlieben. Überlegen Sie deshalb zum einen, was für Sie ganz persönlich zu einem guten Start am Morgen gehört und was Ihnen Kraft und Stimmung für den Tag liefert. Überlegen Sie zum anderen, was Sie schon morgens immer wieder aufregt, nervös macht oder Ihnen die Energie raubt. Fördern Sie das eine. Beenden Sie das andere. Konsequent!

Mehr Reserven.

Vor einiger Zeit erzählte mir eine Bekannte, wie Sie durch Zufall den besten Morgen der letzten Monate verbracht hat: *„Irgendwie hatte ich mir meinen Wecker falsch gestellt. Er hat eine Stunde zu früh geklingelt, ohne dass ich die falsche Zeit bemerkt habe. Ich bin aufgestanden, habe meinen Sohn geweckt, habe geduscht, dann haben wir gemeinsam gefrühstückt, alles wie sonst auch. Dass wir zu früh dran waren, habe ich erst gemerkt, als mein Sohn auf einmal wieder zurück war: ‚Du, Mami, an der Bushaltestelle ist noch keiner. Es ist halb sieben und nicht halb acht!' Es war der tollste Morgen seit langem! Ich bin endlich dazu gekommen, meinen Schreibtisch aufzuräumen,* *dann habe ich noch Zeitung gelesen und anschließend bin ich völlig entspannt ins Büro gefahren!"*

Nun, man muss es ja nicht gleich übertreiben. Aber das Beispiel zeigt das Prinzip: Stehen Sie immer ein wenig früher auf, als Sie es unbedingt müssen. Schon fünf oder zehn Minuten mehr (Reserve-)Zeit helfen Ihnen, um aus einem durchhetzten Frühstück oder mörderischen Sprint zum Arbeitsplatz einen entspannten, heiteren Morgen zu machen!

Bessere Organisation.

Wie gesagt, kaum etwas kann einen Morgen so ruinieren wie Hetze und Hektik. Eine weitere wichtige Regel lautet daher: Legen Sie sich abends zurecht, was Sie morgens brauchen! Ersparen Sie sich frühmorgendliche Suchaktionen mit Panikcharakter – nach dem Motto: *„Wo ist mein Handy, wo sind meine Schlüssel, wo sind meine Papiere, wo ist mein Schirm, wo ist mein Schal?"* Nutzen Sie Ihre Zeit und Kraft für Wichtigeres!

Kluge Kommunikation.

Kaum eine Phase des familiären Zusammenlebens ist so gefährlich wie die des Zusammentreffens am Frühstückstisch. Jeder ist noch müde, jeder würde lieber noch schlafen und jeder hat bestimmte Tagesaufgaben vor sich, von denen er weiß, dass sie ihm eher Pein als Freude bereiten werden. In einer solchen Situation genügt ein falsches Wort, um ein harmonisches Zusammensein in einen wüsten Streit zu verwandeln.

Achten Sie deshalb ganz besonderes morgens auf Ihr Verhalten. Unterlassen Sie alles, womit Sie Ihrem Partner auf die Nerven gehen. Machen Sie die erste Unterhaltung des Tages mit ihm zu einem erfreulichen Erlebnis, anstatt bereits hier ein Schlachtfeld zu eröffnen.

Also: Sprechen Sie keine überflüssigen Negativthemen an. Liefern Sie keine Auflistung aller Herausforderungen und Probleme der nächsten Wochen und Monate. Machen Sie keine Vorwürfe wegen Nichtigkeiten – wegen Haaren in der Badewanne, unökonomisch zerquetschter Zahnpastatuben oder zu hart gekochter Eier. Und, wichtig, verzichten Sie auch auf Akte überbordender Fröhlichkeit, während Ihr Partner noch müde darum kämpft, überhaupt erst einmal seinen Kreislauf in Schwung zu bringen.

Sorgen Sie für einen gelungenen Abend

Vielleicht kennen Sie eine solche Situation: Es ist zweiundzwanzig Uhr, Sie haben einen langen Arbeitstag hinter sich und Sie überlegen, wie Sie den restlichen Abend verbringen sollten. Eigentlich sind Sie müde und möchten sich hinlegen. Endlich einmal früh genug ins Bett gehen, Zeit haben, um noch in einem guten Buch zu lesen, sich zu entspannen und endlich wieder einmal richtig auszuschlafen, das wäre doch was. Aber auf der anderen Seite – vielleicht läuft ja doch noch was im Fernsehen. Also, eine spontane Entscheidung und Sie setzen sich noch einmal hin. Nur kurz! Nun, spannend ist eigentlich nichts, aber Sie können ja umstellen und der Mix aus den zwanzig Kanälen, den Sie sich zusammenzappen, der hat doch irgendwie etwas Fesselndes. Dann kommt, trotz eines Abendessens, noch einmal Heißhunger auf. Ein oder zwei Flaschen Bier (später die dritte), eine Tüte Chips, und Sie fühlen sich plötzlich wieder wohl. Halt, jetzt, dieser Film könnte endlich was sein, nein, doch nicht, aber der auf dem anderen Kanal, nein, der auch nicht. Eigentlich reicht es Ihnen nun, aber inzwischen sind Sie viel zu erschöpft, um einfach aufzustehen. Irgendwann dröhnt Ihr Kopf so sehr, dass Sie sich doch einen Ruck geben und aus der Couch hochwuchten. Verflixt, schon weit nach Mitternacht, schon wieder so spät! Erst noch alles aufräumen, dann endlich, endlich hinein ins Bett. Aber kaum sind Sie eingeschlafen, da klingelt auch schon der Wecker. Was, schon sieben, oje, das wird heute wieder ein Tag werden ...!

Vielleicht erscheint Ihnen diese kurze Schilderung ein wenig übertrieben. Worum es grundsätzlich geht, zeigt sie aber ganz genau: Die Gestaltung des Abends ist für die Qualität eines Tages mindestens ebenso wichtig wie die Gestaltung des Morgens. Ein Tag kann noch so gut verlaufen sein, wird der Abend ruiniert, bleibt von den positiven Gefühlen wenig übrig. Und selbst der härteste Arbeitstag verliert schnell seinen Schrecken, wenn auf ihn ein gelungener Abend folgt. Auch bei der Beurteilung eines Tages gilt: Der letzte Eindruck entscheidet!

Die folgenden Empfehlungen sollen Ihnen deshalb helfen, den Abend auf kluge und gekonnte Weise zu gestalten.

Erholung statt Betäubung.

Nutzen Sie den Abend auf sinnvolle Weise, anstatt ihn mit vermeintlichen „Entspannungsaktivitäten“ zu ruinieren, die in Wahrheit nur der geistigen Betäubung dienen. Eine interessante Nachrichtensendung oder ein spannender (oder humorvoller) Spielfilm können ein Gewinn sein. Stundenlange Glotzerei von Fernseh-Massenware mit dazwischengeschalteter Werbung ist dagegen Lebenszeitverschwendung in ihrer schlimmsten Form. Ebenso gut können Sie vor der Waschmaschine sitzen und das Schleuderprogramm verfolgen. Tun Sie stattdessen etwas, das Ihnen zu dieser Tageszeit wirklich etwas bringt: eine entspannte und fröhliche Unterhaltung mit Ihrem Partner. Ein nettes Telefonat mit einem Freund! Das Lesen eines schönen Buches. Oder vielleicht sogar auch einmal die Erledigung einer kleinen Hausarbeit, die Sie sich schon lange vorgenommen hatten.

Genießen statt Abstürzen.

Für viele von uns ist das Abendessen die eigentliche Hauptmahlzeit und gleichzeitig eine Art besonderes Genussereignis des Tages. Dagegen spricht nicht das Geringste. Aber auch hier gilt – übertreiben Sie es nicht! Nach einem leichten Mahl und einem oder zwei Gläsern Wein schlafen Sie gut und sind am nächsten Tag fit und voller Tatendrang. Nach einem Schweinebraten plus Kraut und einer Flasche Wein schlafen Sie schlecht und sind am nächsten Tag ausgelaugt und ohne jede Energie.

Mehr Schlaf.

Achten Sie auf die Uhrzeit! Denken Sie daran, dass die meisten Menschen morgens nicht deshalb müde sind, weil sie zu früh aufstehen, sondern weil sie sich am Abend zuvor zu spät hinlegen. Ein paar Tage zu wenig Schlaf sind kein Problem. Wenn das Schlafdefizit aber zur Dauereinrichtung wird, dann leiden nicht nur Ihre Lebensqualität, sondern auch Ihre Leistungsfähigkeit und Gesundheit. Überprüfen Sie deshalb bitte einmal, wie viele Stunden Schlaf Sie im Normalfall wirklich brauchen, um sich am nächsten Morgen ausgeruht zu fühlen. Versuchen Sie anschließend, sich diese Schlafzeit so regelmäßig wie möglich zu gönnen. Schlaf ist nicht langweilig, Schlaf ist Erholung.

Positive Themen!

Jedes Thema hat seine Tageszeit. Nutzen Sie den Abend deshalb für Ihre positiven Themen und Beschäftigungen! Fangen Sie also beim Abendessen oder Zubettgehen nicht auf einmal an, über die großen Probleme, Belastungen oder Misserfolge Ihres Lebens zu diskutieren oder nachzugrübeln. Es wäre nicht nur sinnlos, sondern geradezu zerstörerisch. Es würde Ihnen keinerlei Erleichterung bringen, sondern nur noch zusätzlichen Stress. Wenn Sie aber nicht am Abend zur Ruhe finden, wann dann?

Ziehen Sie ein Tagesresümee

Ein Tag verdient es, dass Sie ihm auch geistig einen zeremoniellen Abschluss schenken. Gewöhnen Sie sich deshalb an, gegen Ende eines Tages ein gedankliches (und vielleicht auch schriftliches) Tagesresümee zu ziehen – an Ihrem Schreibtisch im Büro, bei Ihrer Heimfahrt oder vielleicht auch an einem ruhigen Ort zu Hause. Lassen Sie den Tag Revue passieren und denken Sie darüber nach, wie er aus Ihrer Sicht verlaufen ist.

Ein Fazit dieser Art kostet Sie nur wenige Minuten, bringt Ihnen aber einen enormen Nutzen. Hier nur eine kleine Auswahl: Sie lernen, den Tag als besonderes Ereignis und als eigenständiges Werk wahrzunehmen. Sie können das Tagesgeschehen mit Abstand und innerer Ruhe betrachten. Sie gewinnen eine Vielzahl von Einsichten und Verbesserungsideen. Sie schaffen eine Gelegenheit, um auch die negativen Tagesereignisse innerlich abzuhaken und ad acta zu legen, anstatt sie unbewältigt mit sich in den Abend und die Nacht zu schleppen. Und Sie stimmen sich innerlich automatisch immer auch schon auf den kommenden Tag ein.

Kurz gesagt: Kaum ein Instrument unterstützt und fördert einen bewussten und klugen Umgang mit dem Heute und Jetzt so sehr wie ein Tagesresümee! Die folgenden Fragen sollen Ihnen eine erste inhaltliche Anregung dafür liefern:

- Was ist Ihnen heute gut gelungen? Welche Arbeiten haben Sie erledigt? Welche Probleme haben Sie gelöst?
- Was war sonst noch positiv? Worüber können oder sollten Sie sich freuen?
- Was ist nicht so gut gelaufen? Was hat Sie enttäuscht oder gestört?
- Was können Sie aus dem heutigen Tag lernen? Was werden Sie fördern und häufiger tun? Was werden Sie anders oder besser machen?
- Und schließlich: Was werden Sie tun, um dem heutigen Tag einen schönen und motivierenden Abschluss zu schenken?

15. Machen Sie Ihren Urlaub zu einem Glückserlebnis

Ferienzeit, Reisezeit! Die Tage der Unbeschwertheit, Leichtigkeit und Lockerheit! Aber halt – die Tage der Unbeschwertheit? Leichtigkeit? Lockerheit? Von wegen. Kürzlich erzählte mir eine junge Dame von ihrem letzten Urlaub. *„14 Tage Karibik. Schrecklich. Nur Regen. Morgens, mittags, abends Regen. Völlig unnormal zu der Jahreszeit. Und Stechmücken. Morgens, mittags, abends Schwärme von Stechmücken. Wir waren fertig, als wir zurückkamen. Aber jetzt, mit einem halben Jahr Abstand, war es doch eine schöne Reise."*

Was lernen wir? Oft genug erweisen sich gerade die Tage uneingeschränkter persönlicher Freiheit nur aus der Distanz als begeisterndes Erlebnis. Bei der Planung gibt es die farbigsten Erwartungen und in der Erinnerung die buntesten Bilder. Die Hauptsache aber, die Ferientage selbst, die können wir nur unvollkommen nutzen und genießen. Schlechtes Wetter oder Stechmücken sind dabei weit weniger die Ursache als fehlende Lebenskunst.

Lassen Sie uns daher im Folgenden sehen, wie es mit Lebenskunst gelingt, hausgemachten Ärger zu vermeiden und die Gegenwart gerade auch an den „schönsten Tage des Jahres“ zu nutzen und zu genießen!

Spielen Sie nicht den Packesel

Bei kaum einer anderen Aufgabe versagt der menschliche Verstand so sehr, wie bei der Entscheidung, welche Gepäckmengen man mit auf die Reise nehmen sollte. Bei vielen Menschen gewinnt man den Eindruck, dass ihr einziger Urlaubszweck überhaupt nur darin besteht, möglichst große Gewichte von einem Punkt des Globus an einen anderen zu befördern. Das Strandleben am Zielort erfordert zwar kaum Kleidung, aber die Zahl und das Volumen der mitgeführten Koffer reichen aus, um dem Hofstaat des Prinzen von Zamunda eine einjährige Weltreise zu ermöglichen.

Die Folgen kennen wir: Rentnerehepaare zerren Hartschalenkoffer hinter sich her, von einer Größe und einem Gewicht, bei denen selbst Bodybuilder in die Knie gehen würden. Junge Eltern stemmen ähnliche Kaliber, jonglieren aber zusätzlich noch mit einem Sammelsurium an Tragetaschen, Plastiktüten und Plüschtieren. Ihre Kinder haben sie auch dabei, und zwar als Miniatur-Sherpas, die bereits im Vorschulalter lernen sollen, dass jeder sein Bündel zu tragen hat. Und die Anhänger des Aktivurlaubs verschwinden unter Rucksäcken im XXL-Format, die neben Dingen wie klappbaren Surfbrettern und Mountainbikes auch noch ganze Zeltstädte zu enthalten scheinen. Der Mensch als solcher muss im früheren Leben Packesel gewesen sein, anders ist es nicht zu erklären!

Besonders in Familien beginnt der Ärger deshalb schon Tage vor dem Reiseantritt: *„Brauchst Du das alles wirklich, also ich schleppe das nicht für Dich!“* Er steigert sich beim Transport: *„Was hast Du denn bloß in diesem Koffer drin, ich hebe mir noch einen Bruch mit dem Zeug.“* Er erreicht Spitzenwerte beim Einchecken auf dem Flughafen: *„Was soll das heißen, 120,– Euro für Übergepäck?“* Er wird zu tiefer Verzweiflung, sobald man im Hotelzimmer ist: *„Die haben hier viel zu wenige Schränke, Schubladen und Kleiderbügel!“* Bis dann schließlich ein Satz kommt, den man pro Jahr mindestens einmal ausstößt und der den Menschen wahrscheinlich schon in der Jungsteinzeit bekannt war: *„Ich habe mal wieder viel zu viel mitgenommen.“*

Setzen Sie diesem Irrsein ein Ende! Beschließen Sie, nie wieder den Packesel zu spielen. Treffen Sie die einzige Entscheidung, die Ihnen auf Dauer wirklich weiterhilft: Reisen Sie ab heute nur noch mit Handgepäck! Nehmen Sie also in den Urlaub noch so viel an Kleidung und Gegenständen mit, wie Sie einem sogenannten „Boardcase“ unterbringen können, der mit in die Kabine eines Flugszeugs darf.

Was, Sie sagen, das sei wohl die verrückteste Idee, die Sie jemals gehört haben und das funktioniere niemals? Ganz im Gegenteil, wenn Sie nur wollen, dann funktioniert es sogar ganz ausgezeichnet! Die folgenden Überlegungen helfen Ihnen, allen Vorurteilen ade zu sagen, über Ihren Schatten zu springen und endlich „mit Leichtigkeit“ zu reisen!

Denken Sie an Ihren Gewinn an Freiheit und Bequemlichkeit.

Die Liste der Vorteile ist enorm. Hier nur eine kleine Auswahl:

Sie brauchen viel weniger Zeit für das Ein- und Auspacken, zu Hause, im Hotel und auf jeder Station, die Sie bei einer Reise anlaufen. (Vielleicht kostet Sie es beim ersten Mal ein wenig mehr, um zu entscheiden, was Sie mitnehmen und was nicht. Aber diese Zeit gewinnen Sie anschließend um ein Vielfaches zurück!)

Alles passt ins Auto. Also nie mehr Krieg um den verfügbaren Platz im Kofferraum. Nie mehr Beutel und Tüten auf den Knien. Nie mehr die Gefahr, bei scharfem Bremsen von der eigenen Tasche erschlagen zu werden. Nie mehr mit zwei Taxis vom Flughafen ins Hotel fahren, weil eines nicht reicht und gerade kein größeres Fahrzeug zu finden ist.

Keine Mühe und Gesundheitsgefährdung durch das Wuchten von 20-Kilo-Koffern, deren Anblick bereits genügt, um einen Bandscheibenvorfall zu bekommen.

Kein endloses und banges Warten am Gepäckband, nach dem Motto *„hoffentlich kommt da noch was“*. Wir wissen es alle: Egal, um welchen Flughafen es ich sich handelt – der eigene Koffer ist immer der letzte.

Und nie mehr die Meldung, dass Ihr Gepäck zwar ebenfalls wohlbehalten gelandet ist – aber eben nicht an dem Ort, an dem Sie sich im Augenblick befinden, sondern in einer anderen Stadt, in einem anderen Land, auf einem anderen Kontinent oder auf einem anderen Planeten!

Reden Sie sich nicht ein, es ginge nicht anders.

Der Hauptgrund dafür, dass die Menschen zu viel Gepäck mit sich herumschleppen, ist der, dass sie sich einreden, es ginge nicht anders. Ihr Mantra besteht aus drei Glaubensregeln, denen sie fast schon den Status von Naturgesetzen beimessen. Diese drei Dogmen lauten: *a) „Man kann nie wissen, wie das Wetter wird." b) „Ich kann doch nicht immer das Gleiche anziehen." c) „Man muss auf alles vorbereitet sein."*

Wer so denkt, wird nie mit Leichtigkeit verreisen. Beenden Sie deshalb diese Form der geistigen Selbstversklavung!

Die Antwort auf a) lautet: Stimmt, aber für einen Pulli oder eine Regenjacke zusätzlich brauchen Sie keinen Überseekoffer. Die Antwort auf b) heißt: Nehmen Sie Kleidung mit, die sich gut kombinieren lässt. Und zu c) lässt sich sagen: Mehr Flexibilität! Wenn etwas schmutzig wird, dann kann man es reinigen. Und wenn wirklich (!) einmal etwas fehlen sollte, dann kann man es vor Ort kaufen.

☼ Und schließlich: Trauen Sie Ihrer Erfahrung.

Ziehen Sie endlich Konsequenzen aus der Erkenntnis „schon wieder zu viel dabei". Überlegen Sie bereits beim Packen: Was haben Sie beim letzten Urlaub wirklich gebraucht und genutzt? Und was hätten Sie ebenso gut auch zu Hause lassen können?

Bestimmen Sie die Zimmerqualität selbst!

Der Verzicht auf Gepäck-Ballast ist der erste Schritt zu einem glücklichen und gelungenen Urlaub. Der zweite Faktor ist ein gutes Hotelzimmer!

Konkret: Die schönste Ferienanlage nutzt Ihnen wenig, wenn Sie vor Lärm kaum schlafen können, wenn Ihnen eine Abzugsanlage Küchengerüche in den Raum bläst oder wenn Sie das Pech haben, das letzte der noch unrenovierten Räume des Hauses zu erwischen. Und selbst über das Wohnen in einem ordentlichen Hotelzimmer kann man sich oft nicht richtig freuen, wenn man sieht, dass es innerhalb dieser Kategorie noch weit schönere gibt. Überlassen Sie es also nicht der Entscheidung fremder und desinteressierter Dritter, in welchen Räumlichkeiten Sie Ihre teuer bezahlten Tage und Nächte verbringen werden.

Senden Sie Ihrem Hotel eine E-Mail oder ein Fax.

Machen Sie sich die Mühe. Schreiben Sie dem Hotel einige Tage vor Ihrer Ankunft, dass Sie Wert auf ein gutes Zimmer legen. Stellen Sie eine kurze Liste mit den Dingen zusammen, die Sie sich wünschen und mit denen, die Sie auf keinen Fall erleben möchten

Das hat drei Vorteile: Sie zeigen dem Hotel, dass Sie ein „erfahrener“ Gast sind, der nicht alles hinnimmt. Sie erhöhen die Wahrscheinlichkeit enorm, dass Ihnen von Anfang an ein angemessenes Zimmer reserviert wird. Und Sie können sich auf Ihr Schreiben beziehen (und haben somit eine weit bessere Verhandlungsposition), falls es dann einmal ausnahmsweise doch nicht so ist.

Nutzen Sie den Zeitpunkt des Eincheckens.

Auch wenn Sie von der Anreise erschöpft sein sollten – fragen und überprüfen Sie beim Einchecken grundsätzlich, ob es sich tatsächlich (!) um ein gutes Zimmer handelt.

Jeder, der oft in Hotels übernachtet, weiß es: Bei aller Liebenswürdigkeit versuchen die Mitarbeiter an der Rezeption grundsätzlich immer zuerst die Zimmer loszuwerden, die bei den Gästen weniger beliebt sind – zum Beispiel. weil sich eine Lärmquelle in der Nähe befindet, weil die Aussicht auf den Parkplatz geht, weil man ewig dorthin laufen muss, etc.

Bitten Sie also im Zweifel darum, sich den Raum zuerst anzusehen, noch bevor Ihr Gepäck dorthin gebracht wird. Schon diese Bitte wird fast immer dazu führen, dass Sie ohne Umweg ein gutes Zimmer erhalten. Und packen Sie auch dann nicht sofort alles aus, wenn Sie dort eingezogen sind. Machen Sie erst noch einen kurzen abschließenden Check, ohne dass jemand vom Hotel neben Ihnen steht. Vielleicht fällt Ihnen ja doch noch etwas auf, was Sie massiv stört. Wenn Ihre Sachen dann schon in den Schränken liegen, wird ein Umzug wirklich schwierig.

Vielleicht kommen Ihnen diese Gedanken ein wenig übertrieben vor. Aber wenn man überlegt, wie wenige Urlaubstage und Urlaubsreisen man im Jahr hat, wie wertvoll diese Zeit deshalb ist und wie nachhaltig eine unangenehme Unterbringung alles verderben kann, dann lohnt es sich eben doch, ein wenig mehr Mühe und Zeit zu investieren, um alles so schön wie möglich zu gestalten.

Bleiben Sie höflich, aber bestimmt.

Und dementsprechend lautet die abschließende Empfehlung: Geben Sie nicht nach, wenn man Ihnen mit Floskeln kommt, mit den altbekannten Formulierungen wir *„leider nichts anderes frei“* oder *„ein Wechsel ist im Moment sehr schwierig“*.

Bleiben Sie vielmehr bei Ihrer Forderung. Die Mitarbeiter an Hotelrezeptionen sind erfahren. Sie erkennen schnell, wer alles mit sich machen lässt und bei wem sie sich dann doch lieber um eine Lösung bemühen sollten!

Gönnen Sie sich mehr Muße

Selbst wenn Sie zu den Menschen zählen, die auf Reisen gerne viel erleben: Planen Sie kein Wochenprogramm, für das Sie in Wahrheit einen Monat brauchen. Hetzen Sie nicht von Aktivität zu Aktivität. Rasen Sie nicht von Sehenswürdigkeit zu Sehenswürdigkeit. Hasten Sie nicht von Programmpunkt zu Programmpunkt. Machen Sie sich klar, dass Sie ein bestimmtes Erlebnis nur dann genießen können, wenn Sie gedanklich nicht schon auf dem Sprung zum nächsten sind.

Nutzen Sie also Ihre freien Tage des Jahres vielmehr immer auch dafür, um den Alltagsrhythmus hinter sich zu lassen. *„Es gibt wichtigeres im Leben, als beständig dessen Geschwindigkeit zu erhöhen“*, so sagt es Mahatma Gandhi absolut treffend. Wenn Sie sich also nicht im Urlaub von Stress befreien, wann dann?

Achten Sie (liebevoll!) auf die Interessen Ihres Partners

Ferien mit Ihrem Partner oder Ihrer Familie können zu einem glücklichen Erlebnis werden oder aber als zermürbender Kleinkrieg enden: Viele Tage eng zusammen, keine Ablenkung durch berufliche Aufgaben, eine ungewohnte Umgebung, die Erwartungen, dass alles ideal und harmonisch verlaufen müsse – kaum eine Lage schafft gleichermaßen so viele Chancen und Risiken für eine Beziehung. Achten Sie deshalb besonders in den Ferien und bei Reisen auf Ihr Verhalten gegenüber Ihrem Partner!

Größere Gelassenheit.

Treten Sie nicht so auf, als handele es sich bei Ihrem gemeinsamen Urlaub um eine militärische Kommandoaktion, von der das Wohl und Wehe des Planeten abhinge. Gehen Sie vielmehr mit innerer Leichtigkeit und heiterer Gelassenheit auf die Reise. Alle anderen Elemente eines klugen und gekonnten Umgangs miteinander, wie Liebenswürdigkeit, Charme, gute Stimmung, entstehen dann von selbst!

Keine Vorwürfe.

Kein Urlaub ist perfekt. Die Bahn, das Flugzeug oder die Fähre haben Verspätung. Der Speisesaal ist überfüllt. Es regnet im August. Am Strand hört jemand Radio. Im Meer schwimmt eine Qualle. Der Kiosk hat kein Eis mehr. Verzichten Sie also darauf, Ihrem Partner bei jeder auftretenden Unannehmlichkeit Vorwürfe zu machen und die Schuld in die Schuhe zu schieben, nach dem Motto *„war ja deine Idee, gerade hierher in den Urlaub zu fahren“*.

Mehr Geduld, viel mehr Geduld.

Möchten Sie eines der größten Urlaubs-Erfolgsgeheimnisse kennenlernen? Es ist die Fähigkeit, in Ruhe auf den anderen zu warten!

Was es auch ist, der Gang zum Frühstück, der zum Strand oder an die Skipiste, ein gemeinsamer Einkaufsbummel, das abendliche Sich-schick-machen – eine Person in der Familie wartet immer auf die andere (oder auf alle anderen). Falls genau Sie diese betreffende Person sind, so tragen Sie Ihr Schicksal mit Fassung. Lesen Sie etwas. Setzen Sie sich auf den Balkon. Essen Sie eine Kleinigkeit. Gehen Sie vor. Nehmen Sie einen Drink. Aber hetzen Sie Ihren Partner nicht! Hetze ist schon im normalen Alltag absolut sinnlos. Und im Urlaub noch viel sinnloser. Sie macht niemanden schneller, aber verdirbt allen die Laune.

Mehr Großzügigkeit.

Jeder Mensch hat andere Vorstellungen von einem Traumurlaub. Achten Sie deshalb auf die Wünsche Ihres Partners. Machen Sie auch einmal etwas mit, was nur ihm oder ihr gefällt. Und zwar ohne dabei dauernd zu meckern oder ständig zu erklären, was für ein schreckliches Opfer Sie damit erbringen.

Am besten, Sie wechseln sich mit der Planung der Aktivitäten ab. An einem Tag bestimmt Ihr Partner, was unternommen wird, am nächsten Tag sind Sie an der Reihe.

Schonen Sie Ihre Gesundheit

Viele Menschen scheinen nur darauf zu warten, sich im Urlaub ihre Gesundheit ruinieren zu können: Die Leber wird schon beim Hinflug einem Härtetest unterzogen. Der Magen wird am Hotelbüffet gefüllt, als wäre man das letzte halbe Jahr auf Hungerkur gewesen. Die Haut sieht nach dem ersten Strandtag aus, als wolle man einem Grillhuhn Konkurrenz machen. Puls und Blutdruck werden beim Sport in eine Höhe getrieben, bei der sich der Körper in einen Dampfdruckkessel verwandelt. Und geschlafen wird überhaupt nicht mehr, dass kann man dann ja im Büro nachholen.

Natürlich gibt es Gründe für diese Form der partiellen Selbstzerstörung. Im Urlaub fällt die Spannung des Alltags ab. Man kann (und will!) sich endlich einmal gehen lassen. Viele Angebote sind kostenlos oder im Preis inbegriffen, also nutzt man sie bis zum Anschlag. Man will das Leben in vollen Zügen genießen und einmal nicht „vernünftig" sein.

Aber eben auch hier gilt wie überall im Leben: Übertreiben Sie es nicht! Es bringt Ihnen ja nichts, wenn Sie ein paar Tage Spaß haben und anschließend wochenlang den Preis dafür zahlen müssen. Lassen Sie es also gerade in den ersten beiden Tagen etwas langsamer angehen. Hören Sie auf Ihren Körper. Machen Sie nicht alles, was Sie machen könnten. Überlegen Sie sich, in welcher körperlichen Verfassung Sie sein möchten, wenn Sie wieder Heimatboden betreten!

Sorgen Sie für einen guten „Neustart“ in die Welt der Arbeit

Irgendwann hat auch der schönste Urlaub sein Ende und es geht wieder los. Genau hier aber liegt ein besonders kritischer Punkt. Wenn es für viele Menschen ein Schreckensdatum gibt, dann ist es der erste Arbeitstag nach dem Urlaub.

Auf einmal muss man wieder viel zu früh aufstehen. Zur ersten Begrüßung im Büro überfallen einen schwatzhafte Kollegen mit ihren Reiseerlebnissen: *„Hier, gucken Sie Mal, auf meinem Laptop, da habe ich schon alle Fotos draufgespielt!“* Anschließend muss man sich die Motivationstexte des Chefs anhören, die nichts anderes heißen, als dass man noch mehr schuften soll, als bisher schon: *„Na mein Lieber, so braun gebrannt wie Sie aussehen, jetzt wird aber wieder in die Hände gespuckt!“* Dann erblickt man auf dem eigenen Schreibtisch ein Gebirge an Post und Unterlagen, das die Legende vom papierlosen Büro als blanken Hohn erscheinen lässt. Und schließlich, als Krönung des Horrors, taucht beim Öffnen des PCs eine schier endlose Liste inzwischen eingegangener E-Mails auf, deren „Ping, Ping, Ping“ sich wie Maschinengewehrfeuer anhört. Man wusste gar nicht, dass der Server eine solche Speicherkapazität hat.

Das klingt übertrieben? Nur ein wenig! Für viele Menschen sind die ersten Arbeitstage nach den Ferien tatsächlich blanker Stress. Kaum sind sie im Büro, scheint die ganze schöne Erholung auch schon wieder verflogen. *„Wenn das so beginnt, wie halte ich das bloß* *die nächsten Monate aus?"*. Das ist die Frage, die sie sich stellen.

Drei Gründe spielen dabei die Hauptrolle. Nummer eins ist die plötzliche (Rück-)Umstellung auf einen anderen Rhythmus. In den Ferien hatte man sich an die Schlaggeschwindigkeit eines Freizeitruderers gewöhnt, jetzt sitzt man auf einmal wieder im Deutschland-Achter. Der zweite ist die Menge der in der eigenen Abwesenheit aufgelaufenen Arbeit. Man weiß, dass man Tage brauchen wird, um alles aufzuholen und weiß darüber hinaus, dass in dieser Zeit auch noch neue Aufgaben auf einen zukommen werden. Und einen dritten Grund könnte man als „Desillusionierung" bezeichnen. Irgendwie hatte man im Urlaub gehofft, dass nach der Rückkehr alles etwas leichter laufen würde. Nun scheinen der Druck und das Durcheinander fast noch größer geworden zu sein, als zuvor.

Was Sie deshalb brauchen, ist ein spezielles „Startprogramm", mit dem Sie sich die im Urlaub gewonnenen Kräfte erhalten und das Ihnen hilft, die ersten Arbeitstage klug einzufädeln. Hier einige besonders wichtige Empfehlungen:

Sanfter Übergang.

Schalten Sie mindestens einen „Erholungstag zu Hause" ein, bevor Sie wieder mit Ihrem Arbeitsalltag beginnen. Wenn Sie nach einer zwölfstündigen Autofahrt um Mitternacht bei sich zu Hause ankommen und dann schon am nächsten Morgen um 8:00 Uhr das erste Meeting haben, dann ist der Zusammenbruch vorprogrammiert.

Kluge Zeitplanung.

Bauen Sie keine zusätzlichen Erschwernisse auf. Legen Sie also nach Möglichkeit keine schwierigen oder zeitintensiven Termine auf die ersten beiden Tage nach Ihrer Rückkehr. Sonst würden Sie bereits in Ihren letzten Urlaubstagen an nichts anderes mehr denken können!

Keine Selbstüberforderung.

Reden Sie sich nicht ein, Sie müssten an einem Tag alles aufarbeiten, was während Ihrer Abwesenheit im Büro geschehen ist. Das ist nicht möglich und das ist auch nicht nötig. Und das erwartet auch niemand von Ihnen.

Konzentration der Kräfte.

Verschaffen Sie sich als Einstieg einen Überblick über alle anstehenden Aufgaben. Konzentrieren Sie sich dann nur auf die Dinge, die wirklich sofort erledigt werden müssen. Alles andere kann noch etwas warten. Wenn Sie mit Ihren wichtigen Arbeiten einen Schritt vorangekommen sind, dann gelingen Ihnen die etwas weniger wichtigen doppelt so schnell.

Das Nachwort lautet: Mehr Optimismus!

Liebe Leserin, lieber Leser, nun haben Sie also gelesen, was alles zu einer „Kunst der Leichtigkeit" gehört und wie es Ihnen mit ihr gelingt, mehr Lebensfreude und Entspannung zu gewinnen, im Umgang mit anderen Menschen erfolgreicher zu werden, Ihre Freiheit zu stärken und die Gegenwart zu nutzen und zu genießen!

Welche Art von „Nachwort" ist aber nun am besten für unser Thema geeignet? Eine Zusammenfassung aller Gedanken? Das wäre nur eine Wiederholung. Eine „Grußbotschaft", verbunden mit „besten Wünschen"? Das gehört unbedingt dazu, würde alleine aber keinen zusätzlichen Nutzen liefern.

Ich habe mich deshalb für etwas anderes entschieden. Für eine Empfehlung, die gleichsam wie ein „unsichtbarer roter Faden" bereits unausgesprochen in allen Buchkapiteln mitläuft und die so wichtig ist, dass sie es verdient, an dieser Stelle besonders hervorgehoben zu werden. Insbesondere aber dient sie auch als Leitstern für die Umsetzung aller unserer Ideen und Lösungen. Und diese Empfehlung lautet: Mehr Optimismus!

Optimismus ist die Quelle des Erfolgs!

Man möchte es kaum glauben, aber es gibt tatsächlich Menschen, für die Optimismus schwer zu ertragen ist. Kaum liefert man ihnen den Rat, auf eine positive Entwicklung der Verhältnisse zu setzen, schon fallen sie mit Hohn und Spott über einen her: *„So ein Unsinn, wie kann man nur so naiv sein, Optimismus, das ist doch nur etwas für Narren, für jemanden, der keine Ahnung hat, wie die Verhältnisse wirklich sind!"* Und damit auch keine Zweifel über ihr Weltbild aufkommen, setzen sie sofort auch noch einen drauf: *„Realist muss man sein – und der Realist weiß eben, wie wenig einem von dem gelingt, was man sich vornimmt!"*

Lassen Sie sich von einer solchen Geisteshaltung bloß nicht anstecken! Kaum etwas ist so wichtig und unverzichtbar für die eigene Lebenskunst und Lebensleichtigkeit wie Optimismus.

Mit fehlendem Realitätssinn, einem Schönreden der Verhältnisse oder dem Verdrängen von Problemen hat Optimismus dabei nicht das Geringste zu tun. Optimismus ist etwas anderes: Es ist der Wille und die Fähigkeit, ganz bewusst auf die positiven Faktoren innerhalb einer Gesamtkonstellation zu achten und sich von ihnen gezielt motivieren, anregen und leiten zu lassen!

Optimismus verändert alles

Die positive Wirkung von Optimismus ist enorm. Das Entscheidende dabei: Optimismus verändert das Denken *und* das Handeln – und damit eben auch die „realen" Gegebenheiten!

Optimismus schafft eine positive Automatik.

Wer zuversichtlich und enthusiastisch an seine Aufgaben herangeht, der tut das auf völlig andere Weise als jemand, der die Arbeit skeptisch oder gar pessimistisch aufnimmt. Er startet mit einem großen Schritt und nicht mit einem kleinen Hüpfer. Er lenkt seine Konzentration auf die Lösungen und nicht auf die Hindernisse. Er nutzt seine Chancen und Gestaltungsmöglichkeiten, anstatt über das zu klagen, was er nicht beeinflussen kann. Und er lässt sich von Rückschlägen nicht aus der Bahn werfen, sondern verfolgt seine Ziele auch langfristig mit Mut und Entschlossenheit.

Optimismus macht heiter.

Pessimisten lächeln selten. Der negative Ausgang der Angelegenheit erscheint für sie gewiss. Zu lachen gibt es daher nichts, so viel steht für sie fest. Ganz anders die Optimisten. Die Aussichten sind positiv, sie werden es schaffen, wenn nicht heute, dann morgen. Und wenn nicht morgen, dann übermorgen. Was gibt es da zu jammern?

Je höher die eigenen Ziele liegen, desto wichtiger ist Optimismus.

Denken Sie an die großen Leistungen in der Menschheitsgeschichte. Ob es Reisen in ferne Kontinente waren, wissenschaftliche Pioniertaten oder entscheidende gesellschaftliche Entwicklungen – der erste Schritt ging immer ins Unbekannte. Ohne Leidenschaft und Vertrauen in die eigenen Pläne und Stärken wäre er nicht gewagt worden. Erst Optimismus macht den Weg frei!

Erschließen Sie Ihre Optimismus-Quellen!

Der Wert von Optimismus ist damit sicher klar. Der schottische Philosoph und Ökonom David Hume fasste es schon im 18. Jahrhundert wundervoll in einem Satz zusammen: *„Die Gewohnheit, alle Dinge von der Lichtseite zu betrachten, ist mehr wert, als ein Einkommen von Tausenden.“*

Wie aber stärkt man nun den eigenen Optimismus? Die Antwort lautet: Nutzen Sie die vielen Optimismus-Quellen, die in diesem Buch enthalten sind! Alles, was Ihrer Lebensleichtigkeit dient, dient auch Ihrem Optimismus, und umgekehrt.

Denken Sie beispielsweise an die Liste Ihrer „Glücksfaktoren“. Oder an die vielen Möglichkeiten für die Gewinnung einer positiven Stimmung. Oder an die Maßnahmen für den klugen Umgang mit anderen Menschen, mit dem Leitsatz *„was Sie geben, erhalten Sie zurück“*.

Oder an die Steigerung Ihres Mutes und Ihrer Entschlossenheit. Oder an die gekonnte Gestaltung jedes einzelnen Tages. Alles, was Sie auf diesen Gebieten voranbringt, stärkt, fördert und sichert automatisch immer auch Ihren Optimismus!

So, und nun haben wir wirklich die abschließenden Zeilen des Buches erreicht. Also kommen nur noch drei Sätze: Denken Sie immer daran, dass Sie ein Leben haben und dass Ihnen dieses Leben ganz enorme Möglichkeiten bietet. Nutzen Sie es also, genießen Sie es und verwenden Sie es für das, was Ihnen wirklich wichtig ist. Ich wünsche Ihnen dabei in jeder Hinsicht Leichtigkeit, Glück und Erfolg,

sehr herzlich,

Ihr Stefan F. Gross